Johann Caspar Bluntschli

Die Neugestaltung von Deutschland und die Schweiz

Johann Caspar Bluntschli

Die Neugestaltung von Deutschland und die Schweiz

ISBN/EAN: 9783743437050

Hergestellt in Europa, USA, Kanada, Australien, Japan

Cover: Foto ©ninafisch / pixelio.de

Weitere Bücher finden Sie auf **www.hansebooks.com**

Die Neugestaltung von Deutschland und die Schweiz.

Zürich,
Druck und Verlag von Orell, Füßli und Comp.
1867.

Vorwort.

Diese Schrift ist zugleich für die Schweizer und für die Deutschen geschrieben, welche sich ein klares politisches Urtheil bilden wollen über die Bedeutung und die Aussichten der Umgestaltung von Deutschland sowohl für die deutsche Nation als für den Schweizerbund. Der erste Act der großen Entwicklung ist zu einem vorläufigen Abschluß gelangt, der zweite Act, welcher den Süden mit dem Norden verbinden wird, steht noch bevor. In der Zwischenzeit müssen die Kräfte gerüstet und die Geister geklärt werden.

1. Die deutsche Umgestaltung. Die alte Bundesverfassung.

Die europäische Welt hat sich im Laufe dieses stürmischen Sommers gewaltig verändert. Deutschland und Italien haben eine andere Gestalt erhalten. Weitere Aenderungen stehen augenscheinlich in naher Zukunft bevor.

Nur sehr allmählich besinnen sich die Völker nach den heftigen Schlägen, welche die Preußischen Siege auch ihren bisherigen Vorstellungen beigebracht haben, und langsam geht ihnen das Verständniß auf für die Bedeutung und die Folgen dieser Umgestaltung. Sogar in Deutschland selber, wo die Ereignisse entschieden worden, sind die Meinungen noch getheilt, schwankend, von Parteistimmungen vielfältig getrübt und verwirrt. Nur schwer finden sich die nicht-deutschen Nationen in den Gedanken, daß sie in Zukunft mit einer großen deutschen Macht politisch zu rechnen haben.

Noch vor einem Jahrzehent hatte die Schweiz nur im Westen und Osten zwei große Mächte zu Nachbarn, welche auf ihre politische Entwicklung bald anregend bald hemmend einen Einfluß übten. Seither hat sich in ihrem Süden Italien zu einer selbständigen Macht erhoben, und sie veranlaßt, neben Wien auch auf Turin und Florenz zu achten. Viel wichtiger ist es, daß nun auch im Norden eine deutsche Macht erstanden ist, deren politischer Einfluß an dem Main zwar eine Abbiegung erleidet, aber mittelbar bis an die schweizerische Rheingrenze und den Bodensee sich erstreckt. Nächst Paris kommt von jetzt an Berlin auch für die Schweiz unter den europäischen Hauptstädten vorzüglich in Betracht.

Bis vor wenigen Wochen grenzte die Schweiz im Norden an den Deutschen Bund, d. h. an einen großen aber unförmlichen Statencomplex, welcher nur durch seine Schwere als wesentlich passive Macht bemerklich wurde, aber weder die Fähigkeit noch die Neigung besaß, nach außen hin active Politik zu treiben. Dieser Nachbar konnte je nach Umständen unbequem, aber er konnte nicht wohl gefährlich werden.

Man muß weit zurück denken in der Geschichte, bis wieder hinauf auf die Höhe des Mittelalters, um die deutsche Nation als eine active politische Macht zu finden. Schon seit einigen Jahrhunderten vermochte dieselbe nicht mehr die frühere prädominirende Stellung als europäische Hauptmacht zu behaupten. In dem unglücklichen dreißigjährigen Kriege, in dem sie unvernünftig sich selber zerfleischte, hatte sie vollends alle Einheit verloren und war ökonomisch und politisch auf mehrere Generationen hin zu Grunde gerichtet. Nach dem Westphälischen Frieden ward das alte römische Reich Deutscher Nation nur zum Scheine noch durch die Kaiserwürde und die alten dürren Formen der Reichsverfassung zu einem Ganzen verbunden. In Wahrheit war es nur ein lose verknüpftes, ungefüges Nebeneinander von selbständigen, durch den confessionellen Zwiespalt einander entfremdeten Territorien. Der permanent gewordene Reichstag zu Regensburg an der Donau, auf welchem nicht mehr die Reichsfürsten mit dem Kaiser, sondern nur noch ihre Gesandten zu einer Tagsatzung zusammen kamen, war das traurige Vorbild des spätern deutschen Bundestags zu Frankfurt am Main. Damals schon war das Reich zu einem lockeren und innerlich entzweiten Staatenbunde herabgesunken, ohne einheitlichen Willen, ohne gemeinsame Macht, ohne eigene Politik. Die Kaiserkrone war noch die vornehmste Krone der Christenheit, aber sie besaß keine Rechte und keine Macht mehr. Die Reichsfinanzen, niemals reichlich fließend, versiegten gänzlich. Die Reichsarmee ward zum Kinderspott.

Als die Stürme der französischen Revolution über Europa hin tobten, hatte der ganze mittelalterliche, vormals so prachtvolle Bau des Reichs keine Widerstandskraft mehr. Faul und morsch stürzte er zusammen. Das römische Kaiserthum deutscher Nation, einst die höchste politische Würde in der abendländischen Christenheit, mit den Ansprüchen auf Weltregierung und Weltgericht, war in den letzten Jahrhunderten so gänzlich verkommen, so abgedorrt, daß seine Abschaffung von den Völkern Europas kaum mehr beachtet wurde. Sang- und klanglos wurde es von seinen Trägern, die es nicht für Deutschland zu erhalten, sondern nur für ihre Sonderzwecke auszunutzen verstanden hatten, bei Seite gelegt. In Frankreich ging damals ein modernes romanisches Kaiserthum mit der Erinnerung an Karl den Großen auf; in Oesterreich wurde das Andenken an die im Hause der Habsburger untergegangene deutsche Kaiserwürde zur Stiftung einer besondern österreichischen Kaiserkrone benutzt.

Deutschland hatte in dem ersten Jahrzehnt unsers Jahrhunderts eine Revolution erfahren, aber der Anstoß dazu war von Außen gekommen, und die Bewegung derselben wurde von Paris geleitet. Damals folgten die deutschen Fürsten dem französischen Impuls. Die größeren beuteten die Gunst der Umstände aus, um ihr Gebiet auf Kosten der kleineren zu erweitern. Die geistlichen Fürstenthümer, welche der Reformation entgangen waren, wurden nun sämmtlich säkularisirt, viele weltliche Grafschaften und Freiherrschaften mediatisirt, die Kantone der Reichsritterschaft aufgelöst und von den nahen Landesherrn gewaltsam angeeignet, die Reichsstädte bis auf einige wenige einverleibt. Vor dem geschichtlichen Reichsrechte waren diese Annexionen nicht zu entschuldigen. Aber dieses Reichsrecht selber hatte sich überlebt und war veraltet. In den Gewalthandlungen einer neuen Zeit offenbarte sich in Wahrheit der Drang einer neuen Rechtsbildung, freilich noch ohne ein bewußtes Prinzip, unvollständig und durch selbstsüchtige und unlautere Motive aller Art entstellt.

Die Verminderung der unhaltbaren und philisterhaften Kleinstaaterei war ein Fortschritt, den die Deutschen Napoleon I. zu verdanken hatten, aber im Großen lastete die Napoleonische Herrschaft schwer auf Deutschland, das nun in drei Staatenbildungen zerrissen ward, von denen keine im Stande war, selbst den bescheidensten Ansprüchen der deutschen Nation zu genügen. Im Südosten hatte sich Oesterreich in Verbindung mit nichtdeutschen Ländern vollends zu einem selbständigen Staatenreiche losgetrennt. Im Norden wurde der neue deutsche Großstaat

Preußen von dem übermächtigen Frankreich in seiner Entwicklung zurückgeworfen und niedergedrückt. Süd-, West- und Mitteldeutschland wurde als die besondere deutsche Staatengruppe des sogenannten Rheinbundes dem Protectorat des französischen Kaisers unterworfen. Von dem fremden Kaiser empfingen die deutschen Fürsten von Bayern, Sachsen, Würtemberg und Hannover ihre Königskronen. Der Souveränetätsschwindel wurde künstlich genährt, um die Einigung der deutschen Nation zu verhindern und ihre Kraft in eine zu selbständigem Handeln unfähige Staatengruppe zu zersplittern.

Indessen hatte der deutsche Geist seit der Mitte des vorigen Jahrhunderts sich doch wieder aus der frühern Erniedrigung erhoben, eine prachtvolle Litteratur hervorgebracht und große Werke der Wissenschaft und Kunst geschaffen. Er war seines Culturberufs für die Menschheit bewußt geworden. Sollte er politisch zerrissen und geknechtet bleiben?

In den Befreiungskriegen der Jahre 1813 und 1814, in denen Preußen allen andern muthig voranging, zeigte sich zuerst wieder die unverwüstliche Kraft und der zähe Muth der deutschen Nation auch in politischer Richtung. Damals zuerst wurde die Auferstehung des deutschen Volkes von Fichte aus dem Prinzip der Nationalität begründet. In der That die Herrschaft der Fremden wurde abgeschüttelt, und die getrennten Brüder versuchten es, sich wieder zusammen zu finden. Der Rheinbund wurde aufgelöst, der deutsche Bund gestiftet.

Allein die politische Bildung der deutschen Nation war noch ganz kindisch und unreif; der gerechte Zorn über die Schmach und das Leiden der französischen Oberherrschaft reizte die Gemüther zu einem ungerechten Haß gegen die modernen Ideen, welche zunächst in Gestalt der französischen Civilisation verkündet und verbreitet worden waren. Man schätzte die großen Verbesserungen gering, welche man doch auch den Franzosen zu verdanken hatte und gefiel sich in unverständigem Preisen der vorrevolutionären Zustände. Die restaurative Richtung war überwiegend in den leitenden Kreisen. Die deutsche Bundesverfassung vom 8. Juni 1815 war nichts weniger als eine zeitgemäße Neugestaltung des deutschen Reiches. Schritt für Schritt war sie während der Wiener

Verhandlungen immer schlechter geworden. War schon das untergegangene deutsche Reich ein monstroses Gebilde gewesen, der neue Bund war noch monstroser als jenes. Es gibt keinen stärkern Beweis für die Unermüdlichkeit der deutschen Geduld, als daß diese Bundesverfassung ein volles Menschenalter lang unversehrt fortgedauert hat und nach einer vorübergehenden Erschütterung im Jahr 1848 nochmals hergestellt werden konnte und wieder 18 Jahre lang anhielt.

Die deutsche Bundesverfassung von 1815 und die schweizerische von demselben Jahr sehen sich sehr ähnlich. In Deutschland wie in der Schweiz hatten die Restaurationstendenzen gesiegt; aber man konnte dort so wenig wie hier zurückkommen zu den alten abgestorbenen Formen. War es in der Schweiz unmöglich, die neuen Kantone wieder den alten zu unterwerfen, so konnten in Deutschland die Napoleonischen Souverainetäten nicht mehr beseitigt werden. Alle die neuen Staaten, wie sie waren, traten als wesentlich gleichberechtigte Personen mit einander in einen staatenbündlichen Verein, die beiden europäischen Mächte Oesterreich und Preußen nicht anders als die deutschen Mittelstaaten und diese wieder nicht anders als die kleinen aus der alten Reichszeit übrig gebliebenen Zwergfürstenthümer. Die frühere Reichsverfassung hatte doch noch Unterschiede gekannt zwischen den kurfürstlichen, den fürstlichen und gräflichen Ländern. Die neue Bundesverfassung gab sich den Anschein, als seien Oesterreich und Lichtenstein, Preußen und Reußen ebenbürtige Bundesstaaten.

Thatsächlich beruhte der Bundestag auf dem Gedanken, daß die Allianz zwischen Oesterreich und Preußen ungestört fortwirke und die Mittel- und Kleinstaaten ihrer Führung folgen. Formal aber war die entscheidende Stimmenmehrheit den Groß- und Mittelstaaten entzogen und den kleinen und kleinsten in die Hände gelegt. Das Bundesrecht hatte daher nur einen Sinn, wenn man darüber einverstanden war, daß es niemals ernstlich gehandhabt werde.

Man darf sich durch die äußere Aehnlichkeit der deutschen und der schweizerischen Bundesverfassung nicht täuschen lassen und die innere und wesentliche Verschiedenheit der beiden Bünde nicht übersehen.

In Einer Beziehung hatte der Schweizerbund noch tiefere und stärkere Gegensätze friedlich geeinigt, indem er die romanischen Kantone mit den germanischen verband und gleichzeitig den Bruchtheilen verschiedener Nationalitäten gerecht ward, während der deutsche Bund nur deutsche Länder zusammenbrachte. Aber die Schweiz war trotzdem in politischer Hinsicht aus gleichartigern Einzelstaaten zusammengefügt. Man hat wohl zuweilen Oesterreich mit Bern, Preußen mit Zürich, Bayern mit Luzern verglichen. Aber jene Kantone standen unter sich und mit den übrigen Kantonen viel näher und gleichartiger zusammen als die deutschen Staaten. Der politische Gegensatz von Oesterreich und Preußen war viel zu groß und zu mächtig, um auf die Dauer durch das schwache Band des deutschen Bundestags geeinigt zu werden. Die beiden deutschen Großstaaten waren nicht bloß deutsche Bundesglieder, sondern zugleich europäische Mächte. Oesterreich war nur mit dem kleineren Theile seiner Länder in den Bund getreten; das Schwergewicht seiner Interessen und seiner Macht lag außerhalb der deutschen Bundesgrenze, in magyarischen, slavischen, italienischen, polnischen Ländern. Auch Preußen besaß ein ansehnliches Gebiet außerhalb des deutschen Bundes, wenn gleich größeren Theils von Deutschen bewohnt und konnte sich nicht unbedingt den Bundesbeschlüssen unterwerfen. Ueberdem repräsentirte Oesterreich mit seinen Erinnerungen an das römisch-deutsche Kaiserthum und seiner in der Restaurationsepoche voraus angesehenen Weltstellung die alten Zustände, die es möglichst zu conserviren und herzustellen suchte; Preußen, das in Auflehnung gegen das alte Reich groß geworden und zuerst in Deutschland für die modernen Staatsideen eingetreten war, die neue Zeit, welche freilich noch wenig verstanden nur mühsam sich Anerkennung verschaffen konnte.

Dieser Gegensatz der politischen Geschichte, Ideen und Tendenzen konnte eine Zeit lang verdeckt, aber nicht leicht in Einem Bundeskörper versöhnt werden.

Die Nation hatte dem deutschen Bundestag während des langen Bestandes desselben keinen erheblichen Fortschritt zu verdanken, aber vielfältig den polizeilichen Druck desselben schmerzlich erfahren. Zum

Handeln fand er sich nie, zum Hindern der freien inneren Entwicklung aber jederzeit bereit. Das einzig Gute, was man ihm nachsagen konnte, war: daß er den Frieden Deutschlands ein halbes Jahrhundert lang gesichert. Zum Abschluß seines traurigen Lebens brachte er sich noch um diesen Ruhm, indem er im Widerspruch mit allen Bundesgesetzen und aller Bundespraxis den wider Preußen gerichteten Mobilisirungsantrag Oesterreichs vom 14. Juni zum Beschluß erhob und dadurch das Signal zum Bürgerkriege gab.

Von dem Augenblick an, als sich Preußen auf seinen deutschen Beruf besann und sich der österreichischen Vormundschaft entzog, war der Konflikt zwischen den beiden Mächten gegeben, der nur mit einer Sprengung des alten Staatenbundes endigen konnte. Der deutsche Reichsadler mit zwei Köpfen, die nach entgegengesetzten Seiten blicken, hat für die romantische Heraldik einen Reiz, aber er ist ein Monstrum, das nicht leben kann.

2. Der deutsche Krieg. Die deutsche Revolution.

Es ist allen europäischen Nationen schwer geworden, aus den mittelalterlichen Zuständen heraus den Weg zu finden in den modernen Staat hinein. Die freiheitsstolzen und gesetzestreuen Engländer sind durch einen Bürgerkrieg und eine blutige Revolution hindurchgegangen; die rationellen und staatsklugen Franzosen haben eine ganze Reihe der heftigsten Revolutionen durchgemacht. Auch die Schweiz hat eine Wandlung aus dem mittelalterlichen Staatenbund in den modernen Bundesstaat nicht ohne Gewalt und nicht ohne Bruch des geschriebenen Rechts vollzogen. Seit dem Jahr 1830 bereiteten die kantonalen Revolutionen die Bundesrevolution vor, welche in dem Sonderbundskriege des Jahrs 1847 zum Durchbruch gelangte. Der Widerstand der am Alten festhaltenden Kantone war durch Vernunftgründe nicht zu überwinden; die alte Bundesverfassung gewährte kein Mittel, ihn gesetzgeberisch zu beseitigen. Da sich das Wachsthum eines gesunden und lebenskräftigen Volkes nicht durch unhaltbar gewordene Rechtsformen aufhalten läßt, so mußte die veraltete Form dem jungen Leben weichen.

Für keine Nation war und ist die Aufgabe schwieriger als für die deutsche. Sie hat mit allen denkbaren Schwierigkeiten zu kämpfen, sowohl den inneren ihrer eigenen Natur als den äußeren ihrer geschichtlichen Verhältnisse und ihrer Weltlage.

Seitdem auch in der deutschen Nation der Trieb nach Einheit erwacht und das Verlangen nach einer wirksamen Weltstellung zunächst in den gebildeten Klassen laut geworden ist, hat man es zweimal vergeblich versucht, die Bundesverfassung zu reformiren. Der erste Versuch in den Jahren 1848 und 49 ging von der Nationalversammlung zu Frankfurt aus. Aber damals schon machte man die Erfahrung, daß nicht zugleich der Kaiser von Oesterreich und der König von Preußen an der Spitze des neuen Reiches stehen können. Die Mehrheit sprach sich zu jener Zeit schon für die Erhebung des Königs von Preußen zum alleinigen deutschen Kaiser aus. Der Versuch mißlang, weil die Nationalversammlung, in doktrinären Verhandlungen über die Grundrechte befangen, versäumt hatte, das Eisen zu schmieden, als es noch glühend war, weil sie im Innern durch große Parteien gespalten und außer der Paulskirche machtlos war, ohne Finanzen, ohne Heer, weil ihr keine Centralregierung hülfreich und handelnd zur Seite stand, weil der König von Preußen nicht geneigt war, die deutsche Kaiserkrone aus ihrer Hand anzunehmen und damit die Gefahr eines europäischen Krieges zu bestehen, weil außer Oesterreich auch Bayern und insgeheim wenigstens die meisten deutschen Regierungen und die vielfältig partikularistisch gesinnten einflußreichen Klassen widerstrebten. Das Volk für sich hatte sich nicht einig, nicht entschlossen und nicht kräftig genug erwiesen, die Umgestaltung zu vollziehen.

Dann versuchte es wiederum der Kaiser von Oesterreich in Verbindung mit den deutschen Fürsten auf dem Fürstentage zu Frankfurt 1863. Aber dieser Versuch, die deutsche Nation mit dem Scheine einer großdeutschen Einigung abzuspeisen, mißlang ebenfalls, weil Preußen sich nicht auf die Linie eines deutschen Mittelstaates unter österreichischer Oberherrlichkeit herabdrücken ließ, und Oesterreich nicht die Macht hatte, es zu bezwingen, weil die deutschen Fürsten nur widerwillig und nur zum Schein dem Reformprojekt zustimmten, aber nichts für dessen Verwirklichung wagen wollten, weil die liberalen Parteien sich gegen diese sonderbare Reform erklärten, welche die alten Schäden verewigen wollte.

Erst der deutsche Bürgerkrieg dieses Jahres brachte eine Entscheidung und eine Neugestaltung von Deutschland, die zwar noch nicht zu Ende geführt ist, aber nicht mehr rückgängig gemacht werden kann. Der deutsche Krieg war die deutsche Revolution.

Es ist ein Glück für Deutschland, daß seine Revolution in der Form des Krieges und nicht der Volksaufstände, und daß sie von oben, von dem Königthum geleitet, und nicht von unten, von der losgebundenen

Volksgewalt bestimmt wurde; denn niemals hätte eine deutsche Revolution von unten her die Einigung gebracht, sondern nur die Verwirrung. Deutschland ist zu groß, seine Länder und Völkerschaften sind zu eigenartig, als daß irgend ein Anstoß von unten das Ganze bewegte. Noch gibt es keine deutsche Hauptstadt, in welcher das gemeinsame Geschick Aller entschieden würde. Die mancherlei Revolutionen in den deutschen Einzelstaaten im Jahr 1848 haben überall einen partikularistischen und anarchischen Charakter gezeigt und durchweg statt einer Regeneration auf lange Jahre hin ein reaktionäres Regiment zur Folge gehabt. Die großen Massen haben in Deutschland nicht die politische Bildung der Schweizer und sind nicht wie diese zu republikanischer Selbsthülfe und Selbstbeherrschung erzogen.

Man hat den deutschen Krieg von 1866 schon oft mit dem schweizerischen Sonderbundskrieg von 1847 verglichen und insofern mit Recht, als in beiden Kriegen die nothwendige innere Umgestaltung zum Durchbruch gelangte. Aber nichts war verkehrter, als Preußen mit dem katholischen Sonderbund zu vergleichen und Oestreich mit den sogenannten bundestreuen Staaten der damaligen siegreichen Mehrheit der Schweizerkantone parallel zu stellen. Dieser in Süddeutschland und sogar in der Schweiz selbst anfangs verbreitete Irrthum war von der bloß formellen Aehnlichkeit der XII-Stimmenmehrheit auf der eidgenössischen Tagsatzung mit der IX-Stimmenmehrheit des deutschen Bundestags getäuscht worden. Wer auf das Wesen, d. h. die bewegenden Kräfte, achtete, der wurde gewahr, daß umgekehrt Oesterreich und die große Anzahl von deutschen Mittel- und Kleinstaaten, welche zu Oesterreich hielten, für die alte Ordnung der Dinge, für dynastische, partikularistische und, wenn auch zum Theil unbewußt, für ultramontane Interessen die Waffen ergriffen wie vormals die Sonderbundskantone für ihre Kantonalsouverainetät und ihre Klöster und Orden, und daß dagegen Preußen die neue Entwicklung und Umgestaltung Deutschlands zu einer einheitlichen Macht anstrebte, wie es die äußern gebildetern Kantone damals für die Schweiz durchsetzten. In dem Lager mit der schwarz-roth-goldenen Fahne waren die geistesträgen Mächte der Vergangenheit überwiegend; in dem preußischen Heere war die jugendliche Kraft eines neuen vorwärts strebenden Staatswesens entfaltet. Die Zukunft von Deutschland war daher an die nüchterne schwarz-weiße Fahne gebunden.

Der Sieg Oesterreichs hätte nothwendig zur Restauration geführt, in Italien, in Deutschland, und, wenn nicht Frankreich sich mit aller Gewalt dagegen erhoben hätte, in ganz Europa. Der Sieg Preußens bedeutete ebenso nothwendig den Fortschritt der nationalen Staatenbildung für Deutschland und Italien und die Erhebung der deutschen Macht aus der frühern Nichtigkeit zu europäischer Geltung.

Mit einer Siegeszuversicht ohne Gleichen gingen Oesterreich und seine Bundesgenossen in den Krieg. Mit ein paar „wuchtigen Schlägen" sollte die preußische Heereskraft gebrochen und vernichtet werden, in 14 Tagen wollten die Verbündeten triumphirend in Berlin einziehen und da den Frieden diktiren. Alle Anhänger des Alten waren in hoffnungsvoller Aufregung. Die Uebermacht Oesterreichs im Bunde mit den deutschen Mittelstaaten schien den Sieg der Legitimität zu sichern. Im Vatican erwartete man von den Erfolgen Oesterreichs die Wiederherstellung des Kirchenstaats in den alten Grenzen und die Erneuerung der päpstlichen Herrschaft in der Welt. Ueberall hin breitete der Klerus diese leidenschaftliche Stimmung aus. In den Schlachtruf der Ultramontanen stimmte ein großer Theil der großdeutschen Demokratie ein. Der Haß gegen Preußen war in derselben stärker als die Furcht vor Oesterreich.

Noch nie sind die allgemeinen Erwartungen furchtbarer getäuscht worden. Die ganze Kriegführung Preußens zeigte der überraschten Welt, wie sehr die preußische Politik und die preußische Armee Oesterreich und seinen Verbündeten überlegen waren. Schon das erste Vorspiel der raschen Besetzung von Sachsen, Hannover, Kurhessen bewies die planmäßige Vorbereitung, die sichere Leitung, die präcise Ausführung. Dann folgten Tag auf Tag die Berichte von dem kühnen Vordringen der beiden preußischen Kriegsarmeen in Böhmen, von den siegreichen Gefechten im Feindesland, von der entscheidenden Schlacht bei Königsgrätz und der Vernichtung der österreichischen Armee, von dem Sturmmarsch der Preußen an die Donau vor Wien. Mehr als das Zündnadelgewehr gab die höhere Intelligenz den Ausschlag. Benedek meinte in der Weise tapferer Barbaren dadurch siegen zu können, daß er den Feind in guter Stellung erwarte und dann mit wildem Muthe auf ihn losstürme. Aber Moltke zeigte, daß der denkende Kopf auch im Kriege noch mehr bedeute als die kräftige Faust. Der Unterschied der Feldherrn war der Unterschied der beiden Armeen. Bis auf die gewöhnlichen Offiziere und Unteroffiziere und selbst die Soldaten herab waren die Preußen durch ihre Bildung und ihren verständigen Muth der roheren Tapferkeit ihrer Feinde überlegen. Die preußischen Lieutenants wußten im Feindesland, dessen Karten sie studirt hatten, besser Bescheid als die österreichischen Majore im eigenen Land. Selten hat die Intelligenz über die rohe Kraft einen glänzendern Sieg erfochten, als in diesem Kriege.

Nicht anders war es in Süddeutschland. Der Sieg der preußischen Mainarmee über das an Zahl ihr doppelt überlegene siebente und achte Armeekorps beruhte nicht auf der größern Tapferkeit der Preußen — die Bayern, Hessen u. s. f. standen ihnen darin nicht nach — sondern auf der gescheideren Führung, der strafferen Disciplin und der besseren Kriegsschule der Preußen.

Wenn aber die große Politik und eine neue Staatenbildung in Frage sind, dann gebührt dem verständigeren Geiste und nicht der aufgeregten Leidenschaft die Führung.

3. Oesterreich und das Haus Habsburg-Lothringen.

Auch die schweizerische Eidgenossenschaft ist im Kampfe mit Oesterreich frei und groß geworden, und sie hat sich vorzüglich deßhalb von dem deutschen Reiche losgetrennt, weil das Haus Habsburg die deutsche Kaiserwürde erwarb und zu behaupten wußte. Man sollte meinen, daß die Schweizer die Befreiung Deutschlands von Oesterreich und der Herrschaft des Hauses Habsburg aus ihrer eigenen Geschichte sehr leicht begriffen. Dennoch war vor dem Kriege die öffentliche Meinung in der Schweiz größtentheils auf Seite Oesterreichs.

Es war das nicht anders fast in ganz Europa. Man sah den zunächst liegenden Anlaß zum Kriege und bemerkte, daß Oesterreich in seinem anerkannten Besitzstande in Italien und in Deutschland gefährdet werde. Man war unwillig über den drohenden Friedensbruch, der die Sicherheit aller öffentlichen Zustände erschüttere und unzählige Gefahren auch für Personen und Eigenthum im Gefolge habe, und man verwünschte den Friedensstörer, den man in Berlin zu entdecken glaubte. Aber man übersah die tieferen Ursachen des Krieges und die Nothwendigkeit der mit Unrecht verhinderten neuen Staatenbildung.

Jeder Staat ist an die Grundbedingungen seiner Geschichte gebunden und hat eine natürliche Mission zu erfüllen, der er sich nicht ungestraft entziehen, die er nicht beliebig mit einer andern vertauschen darf. Die Grundbedingung des österreichischen Staates ist der Verband der östlichen, noch wenig civilisirten Donauvölker, von denen keines stark genug ist, für sich selber zu existiren, die in einander verschlungen und auf einander angewiesen sind. Die natürliche Mission Oesterreichs liegt daher im Osten, nicht im Westen.

Es ist doch nicht bloße Selbstsucht der Habsburgischen Dynastie gewesen, wenn sie seit Jahrhunderten ihre deutschen Stammländer von dem deutschen Reich mehr und mehr abgetrennt und ein östliches, nur scheinbar mit diesem verbundenes Sonderreich durch Vereinigung mehrerer Königreiche und Fürstenthümer gegründet hat. Der natürliche Zug der südeuropäischen Geschichte drängte dahin. Wenn Oesterreich sich ein großes Verdienst um Europa erworben hat, so ist es in der Eindämmung und Zurückdrängung der Türkischen Barbarei zu erkennen. Aber durch alle diese Erwägungen wird die Wahrheit nicht entkräftet, sondern bestätigt, daß Oesterreich seit Jahrhunderten dem deutschen Reiche sich selber entfremdet hat. Die Politik, welche in den falschen, von Erzherzog Rudolf IV. fabricirten Privilegien deutlich ausgesprochen ward, die Politik möglichster Ablehnung aller Pflichten gegen das deutsche Reich und möglichster Ausbeutung der Habsburgischen Reichsstellung und der Reichskräfte für die Zwecke der Habsburgischen Herrschaft, war wirklich die während Jahrhunderten fortgesetzte Politik des Kaiserreichs. Aus deutschen Reichsländern wurden überall, wie es schon in der Schweiz die Habsburger, zum Glück der Schweiz erfolglos, versucht hatten, österreichische Kronländer gemacht. Das deutsche Reich selbst wurde dem innern Verfall und der Beraubung der Fremden überlassen. In jedem Konflikt zwischen den Interessen der deutschen Nation und der Hausmacht Habsburgs mußten jene zurückgesetzt werden und gab diese den Ausschlag. Bis in unser Jahrhundert hinein erhielt sich beharrlich dieser Charakterzug der österreichischen Politik. Die deutsche Nation hatte nicht den geringsten Nutzen von der Herrschaft Oesterreichs in der Lombardei und in Venedig. Ihr Handel und Verkehr mit Italien war weit mehr erschwert und gehemmt, als seitdem Italien frei und selbständig geworden ist. Dennoch machte Oesterreich auf die deutsche Kriegshülfe zur Behauptung seiner Herrschaft wie auf eine selbstverständliche Reichspflicht des deutschen Blutes unbedenklich Anspruch

Auch das Haus Habsburg ist an die Bedingungen seiner Geschichte gebunden und kann sich nicht beliebig losmachen von dem Zusammenhang mit den Mächten und Parteien, die es jederzeit unterstützt haben.

Gewiß ist etwas Großes, Majestätisches in der Erscheinung dieses alten Kaiserhauses, vor dem sich auch die deutschen Fürsten williger beugten als vor dem Hohenzollerischen „Emporkömmling". In der österreichischen Diplomatie ist eine gewisse Sicherheit des Auftretens herkömmlich und oft schon hat der hohe Styl und der kühne Schwung der österreichischen Noten und der Wiener Presse den Höfen und den Völkern imponirt. Dem süddeutschen Gemüthe sagen überdem die gefälligen, zutraulichen, liebenswürdig-naiven Formen des gebildeten Oesterreichers zu. Man hat das Gefühl, mit einem alt berühmten, formgewandten Hause zu verkehren.

Wenn man aber die lange Reihe der österreichischen Herrscher überblickt, so findet man in derselben nur ein paar Männer, welche während kurzer Zeit und ohne nachhaltige Wirkung in dem fortschreitenden Geiste regiert haben, welcher die Entwicklung der Menschheit bestimmt. Die große Anzahl der übrigen war der civilisatorischen Bewegung keineswegs zugethan, sondern verhielt sich mißtrauisch und hemmend oder geradezu feindlich gegen dieselbe. Die aus der Tiefe des deutschen Seelenlebens entsprungene Kirchenreform des sechzehnten Jahrhunderts hatte auch den Adel und die Bürgerschaft Oesterreichs ergriffen. Hätte Kaiser Karl V. sie verstanden, so hätte er die reformatorische Bewegung leiten und zu glücklicher Entfaltung in ganz Deutschland durchführen können. Aber dem spanisch erzogenen und von spanischer Religiosität erfüllten Habsburger war dieselbe unverständlich und widerwärtig. Seine Nachfolger unterdrückten den Protestantismus in den eigenen Ländern mit blutiger Hand und drängten denselben, so weit ihr mächtiger Arm reichte, auch in Deutschland gewaltsam zurück. Sie überlieferten die Erziehung ihrer deutschen Völker dem spanisch-römischen Orden der Jesuiten. Seither ist die Cultur von Deutsch-Oesterreich hinter der Cultur in Deutschland fortdauernd um mehr als ein Menschenalter zurückgeblieben.

Als im achtzehnten Jahrhundert eine herrliche deutsche Literatur den Reichthum des deutschen Geistes wieder der erstaunten Welt aufschloß, hatte Deutsch-Oesterreich fast keinen Theil daran und wurde sogar großen Theils an dem Genusse dieser als protestantisch und ketzerisch verschrieenen Schöpfungen verhindert. Von den erfolgreichen Arbeiten und Werken der deutschen Wissenschaft und der deutschen Kunst ist im Verhältniß zu der Bevölkerung von Deutsch-Oesterreich und zu der Größe seiner Kaiserstadt nur ein winziger Bruchtheil Oesterreich zu Gute zu schreiben. Nur in der Musik, deren Klang geistig und politisch ungefährlich schien, durfte und konnte es sich auszeichnen. Im Uebrigen lastete der Bleidruck des Pfaffenthums und des Absolutismus beharrlich und schwer auf dem schönen Lande. Freilich ist es jetzt ein wenig besser geworden, aber noch im Jahr 1855 wurde das Oesterreichische Concordat mit dem heiligen Stuhle abgeschlossen, das eine neue Aera der Kirchenherrschaft einleiten sollte; heute noch, trotz der bittersten Erfahrungen von den verderblichen Wirkungen einer solchen Geistesrichtung für das Kaiserreich, dauert das Concordat in Oesterreich fort und werden die Niederlagen der Oesterreichischen Heere an der Hofburg zu Wien zu Siegen des Jesuitenordens ausgebeutet.

Es wird den Deutsch-Oesterreichern von ihrer Regierung noch immer allzuschwer gemacht, der deutschen Cultur nachzufolgen. An Vorangehen ist gar nicht zu denken. Unter ihrer Herrschaft hat die deutsche Sprache und Cultur selbst in den halbbarbarischen, bildungsbedürftigen Donauländern nur kümmerliche Fortschritte gemacht. Im Tyrol wird sie fortwährend von der Italienischen Cultur, in Böhmen von der Czechischen zurückgedrängt. Dem Hause Habsburg die staatliche Oberleitung über das deutsche Geistesleben überantworten, das hieße die Lokomotive rückwärts treiben lassen. Nein, die Weltgeschichte ist weder so ungerecht, noch so thöricht.

Nichts war abgeschmackter, als die kindische Erwartung mancher süddeutscher Demokraten, der Kaiser von Oesterreich werde an die Spitze der liberalen Reform treten in Staat und Kirche. Selbst wenn er es wollte, er könnte es nicht. Auch er ist der bindenden Macht der dynastischen Geschichte unterworfen und kann sich der Natur seines Geblüts, in welchem das zähere Habsburgische Element über das leichtere Lothringische bald wieder das Uebergewicht bekam, nicht entziehen. Die Verbindung mit Rom, die Macht der katholischen Kirche, der Einfluß der alten, am Hofe und von dem Adel zahlreich vertretenen Ideen; alle

Traditionen der österreichischen Politik, die anerzogene Abneigung gegen die modernen Ideen, der Mangel an fähigen Vertretern derselben in den höheren Kreisen stehen einer solchen Wandlung hindernd im Wege und halten in den alten Bahnen fest. Vielleicht könnte ein genialer Fürst über diese Hindernisse hinwegkommen; ein gewöhnlicher kann es nicht. Der genialste aber wäre durch die Rücksicht auf die Stimmung und Empfänglichkeit der Völker, die er beherrscht, und auf die Kräfte, worüber er verfügen kann, und durch das unglückliche Beispiel Joseph II. zur Vorsicht in den Neuerungen gemahnt. Wer zugleich über Deutsche und Magyaren regiert, über Czechen und Kroaten, Rumänen und Illyrier, der kann nicht in derselben Weise vorwärts gehen, wie wer berufen ist, die deutsche Nation zu führen. Es war das Unglück der deutschen Nation, daß ihr Kaiserthum so lange an Oesterreich überlassen war. Das Schwergewicht der österreichischen Gesammtmonarchie ward zum gefährlichsten Hinderniß ihrer Entwicklung. Schritt für Schritt mit den größten Anstrengungen machte sich die deutsche Nation außerhalb Oesterreichs zuerst religiös, später geistig, dann wirthschaftlich frei von der Habsburgischen Leitung und Vormundschaft. Es wäre ein Anachronismus ohne Gleichen gewesen, wenn sie zuletzt wieder in die politische Knechtschaft von Oesterreich zurückgesunken wäre und damit auch alle ihre andern Errungenschaften dem Ruin ausgesetzt hätte. Dennoch gab es im Frühjahr dieses Jahres viele deutsche Stimmungspolitiker, welche in blindem Eifer wider Preußen und seinen gehaßten Minister bereit waren, sich kopfüber in diese Reaktion hineinzustürzen. Sie bedachten nicht, daß man in den stehen gebliebenen Sumpfwassern wohl untersinken, aber nicht schwimmen kann.

4. Preußen und das Haus Hohenzollern.

Wie Oesterreich aus den Ostmarken, so ist Preußen aus den Nordmarken des deutschen Reiches zu einem selbständigen Staate herausgewachsen. Aber während Oesterreich ein vielsprachiges Völkerconglomerat unter dem Scepter seiner alten kaiserlichen Dynastie durch Personal- und Real-Unionen zusammenfügte und sich der Entwicklung des deutschen Geistes- und Kulturlebens entfremdete, wurde Preußen zu einem deutschen Einheitsstaate ausgebildet, welcher die deutsche Kultur siegreich im Norden auch über die slavische Urbevölkerung ausbreitete. Heute noch ist die deutsche Colonisation und Bildung im Norden unter preußischem Schutz in beständigem Fortschritte begriffen, während die deutsche Sprachgrenze in Oesterreich zurückgeht. Oesterreich hielt fest an der katholischen Ueberlieferung und verfiel der jesuitischen Reaktion. Preußen wurde frühzeitig zu einer protestantischen Macht und dadurch befreit von der kirchlichen Vormundschaft. Von Anfang an waren die Besitzungen des Hauses Hohenzollern in verschiedenen Gegenden Deutschlands gelegen. Aber während die Habsburger ihre Länder in Deutschland verloren, breiteten die Hohenzollern ihre Staatsherrschaft mit der Zeit immer weiter in Deutschland aus. Unaufhörlich waren die Habsburger stark verschuldet; die Finanzwirthschaft war alle Zeit ihre schwächste Seite. Die Hohenzollern dagegen waren meist gute Wirthschafter und verstanden es unter günstigen Umständen zu erwerben. Die einen glichen einem vornehmen Herrn, der reiche Stammgüter ererbt hatte, aber wenig arbeitete, viel Geld brauchte und trotz seines Reichthums immer in Noth war; die andern einem soliden Kaufmann, der sein mäßiges Kapital durch fleißige Arbeit einträglich machte und den Gewinn sparsam zusammenhielt.

In der Aneignung der preußischen Königskrone durch Kurfürst Friedrich III. von Brandenburg im Jahr 1701 sprach sich der Gedanke einer selbständigen, europäischen, von dem alten deutschen Reiche unabhängigen Staatenbildung aus. Sie war nicht das verführerische Geschenk eines fremden Potentaten und Protektors, sondern die freie That eines Fürsten, der eine Ahnung hatte von der künftigen Größe dieses Königreichs. Aber erst Friedrich der Große verwirklichte den Anspruch, der darin lag. Er ist der wahre Schöpfer des modernen preußischen Staats, zu dem der große Kurfürst ein Jahrhundert früher den Grund gelegt hatte.

Auch die preußischen Fürsten haben im siebenzehnten und achtzehnten Jahrhundert wie alle andern Fürsten des europäischen Kontinents eine absolute Gewalt an sich gerissen und behauptet. Aber es war doch ein cardinaler Unterschied zwischen ihrer Auffassung von der Souverainetät, dem „rocher de bronce", und der fast an allen andern deutschen Höfen herkömmlichen zu bemerken. Wie die Habsburger, so betrachteten die Meisten die Fürstengewalt als ein von Gott verliehenes Eigenthum über die Länder, als eine genußreiche Herrschaft über die Völker. Früher als in einem andern europäischen Lande erwachte in dem preußischen Fürstenhause das moderne Prinzip, daß die Fürstengewalt wesentlich eine öffentliche Pflicht gegen das Volk sei, daß sie dem Staate angehöre und dem Staate diene.

Friedrich der Große war der erste Fürst, der mit vollem klaren Verständniß sich von der mittelalterlichen Ueberlieferung des fürstlichen Eigenthums von Gottes Gnaden lossagte, dieselbe als den Krebsschaden des europäischen Staatenwesens erklärte und mit Energie den modernen Satz verkündete: „Der Fürst ist der oberste Diener des Staates". Durch dieses Prinzip wurde er zum geistigen, wie durch seine militärischen und diplomatischen Erfolge zum leiblichen Begründer des preußischen Staats.

Geistliche Einflüsse, juristische und politische Vorurtheile, höfische Schmeicheleien haben später wieder die Lehre Friedrichs des Großen auch an dem preußischen Hofe verdunkelt und scheinbar die veraltete mittelalterliche Vorstellung des Gottesgnadenthums wieder hergestellt. Die feudale Hofpartei, die leider noch immer am Berliner Hofe eine einflußreiche Rolle spielt, und die Mehrheit des preußischen Herrenhauses haben diesen Rückfall in's Mittelalter jederzeit nach Kräften befördert; der formgewandte Hofpublizist Friedrich Wilhelms IV., Professor Stahl, hat daraus eine restaurirte Staatslehre, die orthodoxen Hoftheologen haben daraus eine restaurirte Kirchenlehre gemacht. Aber die entscheidende Mahnung des großen Friedrich an die Pflicht des Königs, dem Staate zu dienen, hat sich trotzdem fortwährend in dem preußischen Königshause wirksam erwiesen. Nicht die Herrschaft als solche schien den Preußenkönigen das höchste Gut. Sie wußten, daß diese Herrschaft wesentlich Arbeit und Sorge bedeute für das Volk und Land, für den Staat, dem sie als Mittel seiner Wohlfahrt diene.

Der gegenwärtige König von Preußen war erzogen in der alten strengen Schule der Legitimität, ein grundsätzlicher Feind alles dessen, was er für Revolution erkannte. Trotzdem hat er in den entscheidenden Momenten jene legitimistischen Scrupel überwunden, sich mit den Trägern und Führern der nationalen Revolution Italiens alliirt und selber die Umgestaltung Deutschlands übernommen, die ohne Revolution unmöglich war. Nicht ohne schweren Seelenkampf, wie er selbst bezeugt, hat er die legitimen Rechte seiner deutschen Vettern zerbrochen und weggeworfen. Der leitende Gedanke, mit welchem ihn Graf Bismark über alle anerzogenen „Schrullen" des Dynastenthums glücklich hinwegbrachte, war nicht der Ehrgeiz, nicht die Herrschsucht, sondern die Pflicht eines preußischen Königs gegen seinen Staat, die Pflicht gegen Deutschland.

In diesem Pflichtgefühl gegen den Staat ist die sittliche Kraft und in der verständigen Uebung dieses Staatsdienstes ist der politische Grundgedanke des modernen deutschen Staates zu erkennen. Das neue Prinzip zuerst ausgesprochen und nachhaltig bethätigt zu haben, ist das große Verdienst der Könige aus dem Hause Hohenzollern. Von diesem Keime aus ist der preußische Staat zum deutschen Staate erwachsen.

Allerdings ist Preußen groß geworden im Kampfe mit dem alten deutschen Reichskörper und seinem kaiserlichen Haupte. Es hat bei jeder Gelegenheit rücksichtslos die Selbstherrlichkeit des hohen deutschen Adels und der deutschen Ritterschaft gebeugt und ihre Gebiete einverleibt. Das alt ehrwürdige Reichsrecht mit seinen hundertjährigen Prozessen vor dem Reichskammergericht, dem Reichshofrath und dem Reichstage war nicht das Gesetz seines Wachsthums. Die ererbten engen Gewänder bekamen überall Löcher und Risse, als das junge Leben des neuen Staates in die Höhe ging.

Aber das Wachsthum des preußischen Staats blieb in Uebereinstimmung mit dem Wachsthum des deutschen Geistes und die alte Form des deutschen Reichs mußte zerfallen, sollte der moderne deutsche Staat erstehen.

Seitdem Friedrich der Große Preußen zu einer europäischen Macht erhoben, und den auf Kosten Oesterreichs vergrößerten Staat wider die verbündete Macht des alten Europa behauptet hat, war auf ein Jahrhundert hin Deutschland dem feindlichen Dualismus der beiden Großstaaten verfallen, deren einer die alte Verfassung und die alten, dynastischen und partikularistischen Tendenzen, und deren anderer die Fortbildung zu einem neuen, nationalen Staate repräsentirte. Das Uebergewicht der Macht und des Ansehens war noch lange bei Oesterreich; aber unaufhaltsam, nach jeder Niederlage immer wieder frischer, breitete sich Preußen über Deutschland aus. Die Macht des fortschreitenden Zeitgeistes war mit Preußen.

Wer die Geschichte in ihren großen Zügen überschaut, der sieht in der großartigen Entwicklung noch etwas Anderes, als die Gedanken und Arbeiten der kurzlebigen Menschen. Er wird auch der göttlichen Weltleitung durch das Schicksal gewahr. Die theokratische Vorstellung von einem übermenschlichen Recht der Könige wird mit gutem Grund von dem menschlichen Selbstbewußtsein der zivilisirten Völker verworfen; aber kein christlich erzogenes, und am wenigsten ein germanisches Volk kann den Glauben entbehren an einen lebendigen Gott, der in dem Schicksal waltet und mitwirkt, welches die Kämpfe der Völker und das Werden der Staaten begleitet. In diesem religiösen, nicht staatsrechtlichen Sinne darf sich der Sieger wohl auf die Gnade Gottes berufen und dafür dankbar sein. Dieser religiöse Geist ist in Preußen trotz aller Aufklärung noch lebendig, und hat vor dem Kriege den Preußischen Bettag, wie nach den Siegen die öffentliche Dankfeier des triumphirenden Heeres und Volkes erfüllt.

In dem Preußischen Wesen ist freilich etwas Herbes, Kaltes, Zugeknöpftes, was das süddeutsche Gemüth vielfach abstößt und der süddeutschen Phantasie ärmlich erscheint. Wenn die Oesterreicher im Umgang sogar mit ihren Gegnern es nicht leicht an liebenswürdiger Gefälligkeit fehlen ließen, so verletzten die Preußen zuweilen ihre besten Freunde mit beißendem Spott oder mit abweisender Schroffheit. Unzählige kleine Erfahrungen der Art haben einen großen Einfluß gehabt auf die Mißstimmung vieler Gebildeten wider Preußen vor dem letzten Krieg und auf die auffallenden Sympathien mit Oesterreich, sogar in liberalen Kreisen. Da nur Wenige im Großen und Ganzen politisch denken, und die Meisten im Kleinen und Einzelnen ihre Meinungen bestimmen lassen, so erklären sich die seltsamen Täuschungen der öffentlichen Meinung zu gutem Theile aus so geringfügigen Dingen. Die von Oesterreich geleitete Presse in Frankfurt, Stuttgart und Augsburg wußte das vortrefflich zur Aufreizung wider die verhaßten Preußen auszunutzen.

Aber in der starren Schale ist ein gesunder, vortrefflicher Kern. Die Preußen sind in der strengen Zucht des Preußischen Staates zu politischen Männern herangebildet worden. **Die preußische Armee ist die preußische Staatsschule.** Da wird der einzelne Mann, gleichviel welchem Stamme und welcher Classe der Gesellschaft er angehöre, dazu erzogen, sich der strammen Ordnung des Ganzen willig und freudig zu unterwerfen. Da lernt er sich als ein Glied fühlen eines mächtigen Gesammtkörpers, und wird in strenger Pflichterfüllung geübt. Er hat aber auch Theil an der Ehre des Heeres, und erfreut sich der aufmerksamen Sorge des ganzen Körpers für seine Glieder. Die Preußische Armee ist wirklich das bewaffnete Volk, und dieses Volk ist in früher Jugend tüchtig geschult und rationell gebildet worden.

Es ist merkwürdig, wie es in kurzer Zeit dem Preußischen Staate gelungen ist, die verschiedenen deutschen Stämme, die er nach und nach in sich schloß, zu Einem Volke zu assimiliren. Die Sachsen sind, wie die Schlesier, bald ächte Preußen geworden, und selbst in den alt-katholischen, an den milden Hirtenstab der geistlichen Kurfürsten gewöhnten Rheinlanden ist das Volk nach wenig Jahrzehnden ebenso Preußisch geworden, wie die lutherischen Pommern. Preußisch werden bedeutet nichts Anderes, als in den modernen, deutschen Staat eintreten und an demselben Theil haben. Gewiß hat die Organisation und der Geist des Preußischen Heeres einen sehr großen Antheil an dieser Wandlung, welche nur dadurch sich vollziehen kann, daß die angeborenen particularistischen Neigungen der Deutschen Nation durch ein größeres Volks- und Staatsbewußtsein beherrscht werden.

Es wird auch den Hannoveranern, den Holsteinern und Schleswigern, den Kurhessen und Nassauern und sogar den Frankfurtern nicht anders ergehen. In der jetzt lebenden Generation, vorzüglich unter den älteren und reiferen Männern, werden noch Viele, vielleicht die Mehrzahl, der Preußischen Einverleibung sich nur widerwillig fügen. Die Jugend aber, die nach der Zukunft schaut, wird bald ebenso glücklich und stolz darauf sein, dem Staate Preußen anzugehören, wie die alten Preußen seit Langem es sind und heute freudiger, als je. Die Einberufung zur Landwehr wird auch hier die nöthige Wandlung beschleunigen.

Sehr ungern waren die Landwehrmänner, besonders der westlichen Provinzen, in den letzten Krieg gegangen. Sie mußten ihre Familien und ihren friedlichen Lebensberuf oft in bedrängter Noth zurücklassen, und hatten überdem kein rechtes Vertrauen in die kriegerische Politik des Ministeriums. Aber sie merkten doch bald, daß die Existenz ihres Staates bedroht, und die Neugestaltung Deutschlands das eigentliche Kriegsziel sei, und dachten nicht entfernt daran, die Erwartungen der Wiener zu erfüllen, und wider ihre Generale aufzustehen, oder gar zum Feind überzulaufen. Als Glieder des Heeres kannten sie vor allen Dingen ihre militärische Pflicht, und wetteiferten mit der geübteren Linie in zäher Ausdauer auf den Märschen, in geschickter Handhabung der Waffen und in Tapferkeit auf dem Schlachtfeld. Das ist nicht bloß das Werk der eisernen Disziplin, welche die Preußische Armee zusammenhält, sondern auch die Frucht des Preußischen Ehr- und Staatsgefühls. In dem Preußischen Heere lebt auch ein denkender Geist, es lebt das Genie Friedrichs des Großen in demselben fort.

Der Preußische Staat ist aber nicht, wie Manche besorgen, ein bloßer Militärstaat, und keineswegs ein Staat, der auf Eroberungen ausgeht und fremde Nationen unterdrücken will. Seine Armee besteht zum größten Theile aus friedlichen Bürgern und Bauern, nicht aus Soldaten, welche den Krieg zu ihrem Beruf erwählt haben. Ausgezeichnet, um das Vaterland zu schützen und eine nationale Politik durchzufechten, ist sie unbrauchbar für eine dynastische Eroberungspolitik. Der Historiker Sybel hat auf die bedeutsame Thatsache aufmerksam gemacht, daß Preußen in den letzten anderthalb hundert Jahren seines angefochtenen Wachsthums doch eine viel längere Friedenszeit verlebt hat, als alle andern großen Mächte Europas.

Preußen ist in höherem Grade ein friedlicher Culturstaat. In der Gründung guter Volksschulen, in der Pflege der Wissenschaft, in der Abschaffung der Leibeigenschaft und der Befreiung des Bodens von den Grundlasten, in der Ausbildung des bürgerlichen Rechtes durch die Gesetzgebung, in der Förderung einer rationellen Wirthschaft und der Gestattung freier Niederlassung und freien Erwerbs, in der Wiederbelebung einer freien Städte- und Gemeindeverfassung, ist Preußen den meisten deutschen Staaten vorausgegangen. Der deutsche Zollverein ist vornehmlich sein Werk; und daß derselbe nicht neuerdings zu einer Schutzmauer für den Schlendrian und die Trägheit ausartete, sein Verdienst. Preußens entschlossener Führung allein verdankt es die deutsche Nation, daß sie mit dem zivilisirten Westen Europa's zu freiem Handelsverkehr gelangte. Auch damals war die Parole von Wien ausgegeben, und in Süddeutschland vielfältig nachgesprochen worden, daß es ein Verrath sei an den Interessen der deutschen Nation, wenn dieselbe sich nicht gegen die Franzosen und Italiener, gegen die Belgier und Engländer ängstlich abschließe. Was man damals Verrath nannte, das war in

Wahrheit die Freisprechung der deutschen Industrie aus ihrer unmündigen Lehrzeit, das bedeutete den würdigen Wettbewerb mit den vorgeschrittensten Nationen. Von sich aus, aber im deutschen Interesse suchte Preußen in Ostasien neue Wege und Ziele auf für die Arbeiten des deutschen Fleißes. Auch die Last einer Marine nahm der ohnehin angestrengte Staat vorerst auf seine Schultern. Knapp und sparsam blieb die Verwaltung des Staates bestellt, aber die Preußischen Beamten hatten und verdienten überall den Ruf einer gewissenhaften Sorgfalt, eines geregelten Fleißes und tüchtiger Sachkunde.

Freilich wurden die Kräfte des preußischen Volkes für die großen Aufgaben des preußischen Staates in ungewöhnlichem Maße angespannt. Es galt nicht bloß, die mühsam errungene europäische Machtstellung zu behaupten; weit mehr als die Bevölkerungsziffer es erwarten ließ, mußte der aufstrebende Staat auch für Deutschland Opfer bringen. Die eine Thatsache beweist für Viele. Der restaurirte deutsche Bundestag hatte die aus den Beiträgen der deutschen Nation in den Jahren 1848 und 1849 erworbenen Anfänge einer deutschen Flotte, statt zu erhalten und zu vermehren, wie ein insolventer Schuldner auf die Gant gebracht und verkaufen lassen. Die deutschen Mittelstaaten waren nicht zu bewegen, für eine deutsche Marine Gelder zu schaffen. Die einen beriefen sich auf ihre binnenländische Lage, andere zogen es vor, keine Flotte zu haben als eine Flotte unter preußischer Oberleitung. Der König von Hannover wünschte eine Welfenflotte. Während die andern alle Ausflüchte suchten oder sich eifersüchtigen Träumen hingaben, hat der preußische Staat gehandelt und obwohl die preußische Volksvertretung ihre ernsten und gerechten Bedenken gegen die neue Belastung des preußischen Volkes laut äußerte, dennoch in richtiger Würdigung der dringenden Bedürfnisse eine achtungswerthe junge Flotte vorbereitet und seetüchtig gemacht.

Auf die Dauer war aber dieser unnatürliche und unverhältnißmäßig angestrengte Zustand unhaltbar. Entweder mußte Preußen darauf verzichten, eine europäische Großmacht zu sein und für Deutschlands Zukunft zu sorgen. Es mußte sich gefallen lassen, auf den Rang eines deutschen Mittelstaates herabgedrückt zu werden. Das war es, was Oesterreich und was die Mehrzahl der Mittelstaaten wollten. Das hatte das Reformprojekt des Fürstentags von 1863 versucht. Das war das ausgesprochene Kriegsziel der mit Oesterreich verbündeten deutschen Fürsten. Die Wiener Zeitungen, welche übermüthig ein zweites Jena für Preußen prophezeiten, sprachen es offen aus, Preußen müsse kleiner gemacht werden, und die großdeutsche Presse sprach es nach. Die Stücke des preußischen Staatskörpers waren bereits unter die siegesgewissen Bundesgenossen vertheilt.

Oder Preußen mußte noch mehr mit Deutschland, zunächst mit Norddeutschland zusammenwachsen. Die getrennten Provinzen seines von Osten nach Westen lang hingestreckten Leibes mußten verbunden werden; es mußte in der Halbinsel zwischen der Nord- und Ostsee festen Fuß fassen; es mußte ein breiter deutscher Boden gewonnen werden, auf dem der moderne deutsche Staat sicherer als bisher ruhte und die großen politischen und Kulturaufgaben, die ihm obliegen, mit reicheren Mitteln und besserem Erfolge erfüllen konnte.

Der Krieg dieses Jahres hat für den letztern Weg entschieden. Die Weltgeschichte liebt es nicht, ihre neuen lebensfrischen Schöpfungen, bevor sie reif geworden, fallen zu lassen. Die leitenden preußischen Staatsmänner und das preußische Heer haben sich in der gefährlichen Krisis großartig bewährt. Das Schicksal aber war denen günstig, welche dem fortschreitenden Geiste der Zeit als Vertreter und Werkzeuge dienten.

5. Deutscher Bundesstaat oder Einheitsstaat.

Das Verlangen der Deutschen nach politischer Einheit war außerhalb Preußens durchweg auf die Bildung nicht eines Einheits- sondern eines Bundesstaates gerichtet. Nur in dieser zusammengesetzten Bundesform hoffte man die unerläßliche Einigung der nationalen Kräfte und eine Organisation des Gesammtwillens zu erhalten und gleichzeitig die Besonderheit und freie Eigenart der einzelnen Länder zu bewahren. Das Vorbild der Vereinigten Staaten von Amerika und näher noch der schweizerischen Eidgenossenschaft sollte nachgebildet werden.

In der That ist in der deutschen Natur ein starker Zug zum Partikularismus nicht zu verkennen und eine tiefgewurzelte Scheu gegen jede centrale Autorität. Die Entwicklung von Frankreich war seit Jahrhunderten centralistisch, die von Deutschland ebenso entschieden decentralisirend. Das Verlangen, daß Deutschland in dem preußischen Einheitsstaate aufgehe, schien den Meisten eine preußische Anmaßung, eine unerträgliche Zumuthung. Selbst die nationale Partei wagte es nur mit Vorbehalten zu fordern, daß Preußen die Führung des Bundesstaates übertragen werde. Das anzustrebende Ideal schien der Mehrzahl ein Aufgehen Preußens in dem deutschen Bundesstaat, wie es die Autoren der Reichsverfassung von 1849 gedacht hatten. Nur seltene Ausnahmen, wie voraus in beredter Weise Heinrich von Treitschke, sprachen schon vor dem Kriege für den preußischen Einheitsstaat, als die einzig mögliche und fruchtbare Lösung.

Der Graf Bismark selbst, der geistreichste und mächtigste Vertreter der preußischen Politik, hatte noch unmittelbar vor dem Kriege sich den allgemeinen Ansichten anbequemt und eine Bundesreform vorgeschlagen, welche die partikularen Einzelstaaten möglichst wenig beschränkte und nur für das Nothwendigste eine gemeinsame Centralregierung und ein deutsches Parlament verlangte. Ein Eingehen auf dieses Reformproject schloß die einzige noch offene Möglichkeit, den Bürgerkrieg abzuwenden in sich. Auf die hervorragende Stellung Bayerns im Süden war darin überdem sorgfältige Rücksicht genommen. Aber die deutschen Regierungen wollten von ihrer eingebildeten Souveränetät nichts, gar nichts an die deutsche Centralgewalt abgeben. Gerade diese gemäßigten Vorschläge bestimmten den König von Hannover und den Kurfürsten von Hessen vollends, der Verschwörung der Kabinete wider Preußen beizutreten. Der entzündete Haß gegen das Bismarkische Regiment kam der Selbstsucht der Dynastien sehr zu Statten und wurde bis zum wilden Fanatismus gesteigert. Mit Hohn wurde jede Reform zurückgewiesen, welche von dem preußischen Minister angeboten ward. Das war freilich nicht mehr Politik, sondern kurzsichtige Leidenschaft.

Die Theilnahme selbst der norddeutschen Mittelstaaten am Krieg gegen Preußen und die Erfolge Preußens haben die Sachlage und die Meinungen verändert. Die Einverleibung des Königreichs Hannover, des Kurfürstenthums Hessen, der Herzogthümer Nassau, Schleswig und Holstein in den preußischen Staat ist nun beschlossene Sache. Damit ist die Frage, ob Bundesstaat oder Einheitsstaat, zu Gunsten des Einheitsstaats entschieden. Der norddeutsche Bund mit seiner Bevölkerung von über 29 Millionen ist nichts anderes als der durch einige kleinere Staaten von zusammen fünfthalb Millionen erweiterte preußisch-deutsche Einheitsstaat von über 24 Millionen. Die Existenz dieser Nebenstaaten, welche wie Planeten und Monde dem Lauf der preußischen Sonne zu folgen genöthigt sind, ist lediglich durch die Rücksicht theils auf die freundliche Bundesgenossenschaft in dem Kriege, theils auf die Macht der Geschichte und auf die Fürsprache des Kaisers von Frankreich neu gesichert worden. In der Hauptsache, in der großen Politik und im Militärwesen ist die Einheit hergestellt; was noch unlogisches darum und daran hängt, mag eine Zeitlang fortdauern, an dem Gang und Entscheid der Dinge wird dadurch nichts geändert. Diese Bundesstaaten haben nun noch ihre besondern Höfe und Residenzen, eine eigene Finanzwirthschaft, ihre Landesgesetzgebung und Rechtspflege, soweit nicht eine allgemeine Bundesgesetzgebung dieselben beherrscht, ihre Volksschulen, Gymnasien, Universitäten, ihre Oberkirchenräthe und eine Landesverwaltung mit obersten Instanzen. Aber der Zollverein schon ist nun Bundessache und wird von der preußischen Regierung geleitet. Das bedeutet heute etwas ganz anderes als vor dem Kriege, als die Oberleitung noch genöthigt war, mit allen souveränen Vereinsregierungen zu verhandeln und bei jedem Schritte durch die Bedenken und den Widerspruch ihrer Genossen gehemmt wurde. Der deutsche Handel nach Außen wird nun viel mehr Schwung erhalten und der Unternehmungsgeist durch das Gefühl der einheitlichen Schutzmacht lebhafter angeregt werden.

Schon vorher konnte man gegen die seltsame Form eines deutschen Bundesstaates die schwersten Zweifel nicht los werden; denn der Bundesstaat ist seiner Natur nach auf Gleichartigkeit der Einzelstaaten gegründet. In Deutschland aber stand damals schon Preußen als ein Staat mit 19 Millionen den übrigen deutschen Staaten von zusammen etwa 18 Millionen gegenüber. Da schon war der norddeutsche Staat an Volkszahl stärker als alle seine Bundesgenossen zusammen genommen und er war Ein Körper, von Einem Geist beseelt, die andern getheilt und vielspaltig. Seit dem Preußen auf mehr als 24 Millionen gewachsen ist, kann von einer Gleichstellung vollends nicht mehr die Rede sein. Sogar wenn die süddeutschen Staaten alle sich dem norddeutschen Bunde anschließen und selbst der größte deutsche Staat nächst Preußen, Bayern sich diesem Anschluß nicht entzieht, so bleibt dennoch das Schwergewicht Preußens, das für sich allein mit über 24 Millionen an Bevölkerung die sämmtlichen deutschen Bundesstaaten zusammen genommen mit über 12 Millionen zwei Mal übertrifft und in Verbindung mit den bald assimilirten norddeutschen Bundesstaaten etwa $7/9$ der Gesammtbevölkerung dieses erweiterten Bundes von 37 Millionen gegen $2/9$ in Süddeutschland (29 gegen 8 Millionen) zusammenhält, so überwiegend, daß das Ganze trotz aller föderativer Modifikationen den Charakter des Einheitsstaats unmöglich verläugnen kann.

Zum Wesen des Bundesstaates gehört ferner, daß die gemeinsamen Institutionen des Bundes, daß die Bundesregierung, die Bundesgesetzgebung und die Bundesrechtspflege, wie das in der Schweiz ist, getrennt bleiben von den entsprechenden Organen der Einzelstaaten und ausschließlich dem Gesammtvolke angehören. Der Gouverneur von New-York darf nicht Präsident der Vereinigten Staaten, der Regierungspräsident des Kantons Bern nicht Bundespräsident sein. Diese Trennung der Bundesgewalten von den einzelstaatlichen Gewalten war aber in Deutschland nicht nachzubilden. Der König von Preußen konnte nicht umgangen werden, wenn das deutsche Bundeshaupt bezeichnet werden sollte. Wenn aber der König von Preußen als solcher Bundeshaupt war, so herrschte eben deshalb der Einheitsstaat Preußen im Bunde. Ebenso konnte es kein deutsches Gesammtministerium im Gegensatze zum preußischen Ministerium geben. Ohne dieses war jenes machtlos. Und wieder ist nicht einzusehen, wie das Preußische Parlament erhalten und daneben ein völlig verschiedenes deutsches Parlament geschaffen werden könne, ohne daß die eine Autorität die andere aufzehrt. Der preußische Staat war nun einmal vorhanden und er war zu groß, zu mächtig, zu selbstbewußt, um der neu zu schaffenden Bundesgewalt gegenüber auf die untergeordnete Stufe eines nordamerikanischen Einzelstaats oder eines Schweizer-Kantons nieder zu steigen oder sich herabdrücken zu lassen.

Zur Zeit noch sind die Formen unklar, nach denen der norddeutsche Bund seine gemeinsamen Angelegenheiten ordnen und erledigen wird. Dieselben werden aber den Einheitsstaat Preußen nicht aus seiner dominirenden Stellung verdrängen, und schwerlich etwas Anderes sein können, als ein Zuzug der verbündeten Regierungen zum Beirath bei der Preußischen Regierung, und ein Beitritt der Abgeordneten der Bundesstaaten zu dem Preußischen Parlament in den Bundesangelegenheiten; d. h. für diese Fälle ein organisch erweiterter Preußisch-Deutscher Staat.

Wie lange überhaupt noch diese relative Absonderung der einzelnen Bundesstaaten fortdauern werde, ob nicht in kurzer Zeit die betreffenden

Fürsten es angenehmer finden werden, ihre Scheinregierung abzugeben, sich von deren Verantwortlichkeit und Sorgen frei zu machen, und als die ersten Großen des Einen mächtigen Staates eine neue, rationelle Stellung zu gewinnen, und ob nicht die betreffenden Völker es bald entschieden vorziehen werden, statt Preußen zweiter Classe zu bleiben, Preußen erster Classe zu werden, das sind Fragen, die heute schon überall auftauchen, und ihre Lösung in der Zukunft unzweifelhaft im Sinne des wachsenden Einheitsstaates erhalten werden.

Treitschke scheint Recht zu behalten bei seiner Ausführung, daß der Bundesstaat eine Form des republikanischen Föderativlebens sei, welches sich von den Gemeinden aufwärts durch stufenweisen Zusammenschluß gemeinsame Organe schaffe, aber für die einheitlichere Monarchie nicht anwendbar sei. Mehr aber, als die begrifflichen Schwierigkeiten, welche einer bundesstaatlichen Monarchie mit erblichen Fürsten in den Einzelstaaten im Wege stehen, ist die geschichtliche Entwicklung Deutschlands und Preußens ihrer Einführung hinderlich gewesen. Die deutschen Fürsten haben allmählig seit der Zeit der Hohenstaufen die alte, deutsche, königliche Einheit zerrüttet, und durch Ausbildung einer dynastischen Landeshoheit das Reich zerstückelt. Aus Reichsbeamten haben sie sich zu Landesherren gemacht, und die, welche nicht von der ersten deutschen Revolution verschlungen wurden, sind zuletzt scheinbare Souveräne geworden. Alle fürstlichen Traditionen sträubten sich daher gegen die Unterordnung unter eine neue Reichsgewalt, welche mit der Reichseinheit Ernst machte. Hatten sich die deutschen Bundesfürsten der Lehensherrschaft des altberühmten Kaiserhauses der Habsburger glücklich entziehen können, so betrachteten sie es fast wie einen Schimpf, dem neu aufgeschossenen Königshause der Hohenzollern dienstbar zu werden und huldigen zu müssen. Nur ganz Wenige, wie die Großherzoge von Baden, Weimar und Oldenburg und der Herzog Ernst von Koburg machten sich mit andern patriotischeren Gedanken vertraut. An der großen Fürstenverschwörung wider Preußen hat jenes dynastische Gefühl und Vorurtheil den stärksten Antheil gehabt. Der Souveränetätsdünkel der deutschen Fürsten war das zäheste Hinderniß einer jeden Einigung in Deutschland.

Auch darin besteht ein durchgreifender Unterschied zwischen der schweizerischen und der deutschen Neugestaltung: In der Schweiz konnte, wenn einmal die öffentliche Meinung größere Einheit verlangte, der particularistische Widerstand der Cantonsregierungen leicht überwunden werden. Man wählte national gesinnte Männer an die Stelle der Anhänger des alten Staatenbundes und der Verehrer der Cantonalsouveränetät. Im Nothfall wurde die Richtung zur Bundesreform durch cantonale Umwälzungen gefördert. Das ist die Geschichte von 1830 bis 1847. Aber die widerstrebenden deutschen Fürsten waren durch keine periodische Neuwahl wegzubringen, und eine Revolution gegen die Dynastie war im Angesicht der stehenden Heere ein thörichtes Wagniß und wurde von der bestehenden, alten Bundesgewalt leicht unterdrückt. Nur die Gewalt einer großen und allgemeinen Revolution, wie eine Zeit lang im Jahre 1848, oder ein deutscher Krieg, wie im Jahre 1866, konnte den dynastischen Widerstand beugen oder brechen.

Eine Wiederherstellung der vertriebenen Dynastien von Hannover, Kurhessen und Nassau war deßhalb unmöglich, wenn der Fortschritt der deutschen Einheit nicht mit neuen Hindernissen verlegt werden sollte. Die definitive Beseitigung derselben war freilich eine arge Verletzung des auch in Preußen allzu lange verehrten Legitimitätsprincipes, aber sie war ein Akt jener höhern Gerechtigkeit, welche in der Weltgeschichte regiert, denn gerade diese Fürsten haben ihr Schicksal durch ihre eifrige Bekämpfung der Lebensinteressen der deutschen Nation, durch ihre hartnäckige und bösartige Feindschaft gegen Preußen und durch ihre Mißregierung im eigenen Lande, vollständig verschuldet. Die freie Entwicklung der deutschen Politik war bis auf die neueste Zeit immer durch die dynastische Legitimität gehemmt und auf falsche Wege verleitet worden. Nun liegt in jener Entsetzung der legitimen Fürsten für die übrigen deutschen Bundesfürsten eine eindringliche Mahnung an ihre nationale Pflicht, und eine schwer zu überhörende Warnung vor dynastischen Intriguen gegen die leitende deutsche Macht; aber es liegt zugleich für diese selbst eine Befreiung darin von ihrem eigenen, abergläubischen Legitimitätsschrecken.

Indessen nicht bloß die Fürsten, auch die Völker hangen an ihrer Besonderheit, und lassen sich ungern dem Einheitsstaate einverleiben. Wie die meisten deutschen Fürsten dynastisch, so sind die deutschen Völkerschaften durchweg particularistisch gesinnt. Dieser Zug verträgt sich besser mit dem Bundesstaate und nur schlecht mit dem Einheitsstaate. In der That, der particuläre Landesgeist ist in den einzelnen deutschen Ländern sehr stark vertreten, und zumeist ein sicherer Alliirter des fürstlichen Dynastengeistes. Vorzüglich die Bauern und die untern Classen in den Städten sind von diesem Sinn erfüllt. Seit mehreren Generationen ist Kurhessen von seinen Fürsten auf das Aergste mißregiert worden. Man braucht nicht nach Modena zu gehen, um die boshafte und quälerische Tyrannei, wie sie im XIX. Jahrhundert noch in einzelnen kleinen Staaten von dem fürstlichen Hofe ausgeübt wurde, kennen zu lernen. Die Casseler wissen davon aus eigener Erfahrung genug zu erzählen. Trotzdem würden die Kurhessischen Bauern heute noch, in Folge ihrer angeborenen und anerzogenen Verehrung für die Kurfürstliche Dynastie großen Theils lieber getreue Unterthanen ihres Kurfürsten bleiben, als Glieder eines großen und gut verwalteten Staates werden. Freilich werden diese selben Bauern, wenn sie erst eine Generation hindurch Unterthanen des Königs von Preußen und Bürger des Preußischen Staates gewesen sind, mit derselben unerschütterlichen Anhänglichkeit und mit besserem Grunde an Preußen festhalten. Wer einmal eine Zeit lang an dem Leben eines großen Staates Theil genommen hat, der verlangt nicht nach der deutschen Kleinstaaterei zurück.

Am stärksten ist dieser particuläre Landesgeist wohl in den Nordalbingischen Herzogthümern, wo er in hundertjährigen Kämpfen wider die Versuche Dänemarks, die deutschen Länder dem Dänischen Reiche einzuverleiben, groß gezogen worden ist.

Man mag in alledem eine innere Berechtigung erkennen. Aber auf diesen kleinen Lokal- und Landespatriotismus läßt sich kein großer deutscher Staat gründen, wie es nun einmal die europäische und die Weltbedeutung des deutschen Volkes gebieterisch verlangt. Die Nation hat ein Recht zu leben, und die Bedingungen ihres

Lebens herzustellen troß aller Proteste sowohl der Dynastien als der Partikularstaaten. Dem höhern Recht des Ganzen muß sich das Recht des Theiles unterordnen. Auf diesem Grundgesetz beruht alle nationale Staatenbildung. Die Theile können fortleben im Ganzen; aber das Ganze kann nicht leben, wenn es in die Theile aufgelöst bleibt.

In der That es ist möglich, auch den Theilen, den Ländern gerecht zu werden, und dennoch das Ganze zur Einheit zusammenzufassen. Eine Uniformität, wie sie in Frankreich durch die Revolution eingeführt worden ist, paßt in Deutschland nicht. Die einzelnen Provinzen des deutschen Staates mögen manche Besonderheit im Recht und in der innern Verwaltung beibehalten, wie das auch zur Zeit in Preußen, vorzüglich in den Rheinlanden geübt wird. Man kann die Sitten und Gewohnheiten, die den Völkerschaften so lieb geworden sind, wie ihre besondern Dialekte unangetastet lassen. Die preußische Regierung hat das auch durch den Grafen Bismark ausdrücklich als ihre Absicht erklärt. Aber keineswegs ist es nöthig, daß diese Länder besondere Staaten bleiben, um ihre Eigenthümlichkeit zu bewahren.

Die deutsche Nation hat bereits die Erfahrung gemacht, daß selbst der kräftige germanische Stammesgeist zu klein und zu beschränkt war, um sich in Sonderstaaten zu behaupten. Alle alten deutschen Stämme, die Sachsen wie die Bayern, die Franken wie die Schwaben, sind mit der Zeit politisch zerrissen, die Stammesherzogthümer sind aufgelöst und die Theile verschiedenen Territorien zugetheilt worden. Nicht auf der Grundlage der Stämme, sondern angelehnt an die mittelalterlichen Dynastien sind die Territorien gebildet und zu besondern Ländern gemacht worden. Der partikularistische Territorialgeist ist nicht von dem politischen Stammesgeiste erzeugt worden; er ist das Produkt der dynastischen Politik und ihrer Erfolge. Durch Heirathen, durch Erbtheilung, durch Ankäufe und Belehnungen sind die Grenzen der Territorien bald erweitert und bald verengert worden. Wenn das Fürstenthum, dessen Schöpfung der Territorialgeist ist, seine Macht verliert, so sinkt er zusammen; denn er hat nur Halt in der Dynastie. Die schweizerischen Kantone, die nordamerikanischen Staaten haben eine alte Volksgeschichte hinter sich, dort die Geschichte der Städte und Landschaften, hier die Geschichte der Kolonien. Aber die meisten deutschen Territorien können nur auf eine Geschichte ihrer landesherrlichen Dynastie zurücksehen. Wenn daher nicht einmal der natürlichere und deßhalb berechtigtere Stammesunterschied die Fortdauer von Stammesstaaten zu erhalten vermochte, so wird der zufällige Territorialgegensatz sich noch viel weniger in seiner staatlichen Absonderung behaupten können.

Die Erfahrung ist auch da gemacht. Alle die alten Reichsterritorien welche in der ersten von Napoleon geleiteten Säkularisation und Mediation in Preußen, Bayern, Württemberg u. s. f. einverleibt worden sind, haben in kürzester Frist ihren alten Territorialgeist in dem neuen größern Landesgeist aufgehen lassen und nur einige Erinnerungen erhalten an ihre frühern Herren. Der partikularistische Landesgeist ist also zwar ebenso enge und beschränkt als der Dynastengeist, aber noch weniger fähig, den Fortschritt des deutschen Staates zu bestimmen. Er wird und muß sich in dem nationalen Staatsgeiste ebenso zurecht finden, wie die mancherlei Volksdialekte in dem Fortschritte der gemeinsamen deutschen Sprache. Die bloßen Territorialstaaten können nicht fortbestehen, wenn die mittelalterliche Zerbröckelung der modernen Einheit weichen und der nationale Volksstaat zum Leben kommen soll.

6. Die süddeutschen Staaten.

Durch die Friedenspräliminarien von Nicolsburg und den Frieden von Prag ist die Gruppe der süddeutschen Staaten von dem norddeutschen Bunde ausgeschlossen und derselben die Aufgabe gestellt worden, mit einander einen besondern süddeutschen Bund zu bilden, der seine nationalen Beziehungen zum norddeutschen Bunde durch besondere Verträge ordne und je nach Umständen sich frei mit andern Staaten verbinden könne. Man dachte sich dabei Süddeutschland wohl als einen nicht sehr engen Staatenbund der vier Mittelstaaten, und stellte denselben so dem norddeutschen Bundesstaate theils ergänzend theils beschränkend zur Seite.

Für die Sonderstellung des Südens sprachen viele Gründe. Im Süden hatte die Opposition gegen Preußen, fast mehr noch als an den dynastischen Höfen, unter der Bevölkerung selbst eine breite und feste Grundlage und war da vornehmlich zum leidenschaftlichen Hasse gesteigert worden. Der Süden allein hielt am Kriege wider Preußen fest, als bereits der ganze Norden Preußen angefallen war, sogar dann noch, als die Vernichtung der österreichischen Nordarmee bei Königsgrätz erfolgt war und der fortgesetzte Widerstand der süddeutschen Heere an dem Hauptresultate des Krieges nichts mehr ändern konnte. Zwischen dem norddeutschen und dem süddeutschen Wesen gab es mancherlei Unterschiede der Denkart und Gefühlsweise, der religiösen und der politischen Stimmung und Bildung, der Sitten und der Sprechart. Die Masse der Süddeutschen war zu groß, um sich so leicht mit dem preußischen Norddeutschland assimiliren zu können. Die preußischen Staatsmänner mochten wirklich besorgen, daß der Beizug der Süddeutschen die rasche Einigung des

Nordens erschweren und ihnen eher Verlegenheiten und Schwierigkeiten bereiten als einen Machtzuwachs verschaffen würde. Die süddeutschen Minister fürchteten ihrerseits ein Untergehen der Selbständigkeit ihrer Staaten im Anschluß an den deutschen Nordbund. Diese Staaten selber waren doch ganz ansehnlich, der kleinste unter ihnen, das Großherzogthum Hessen, zählt über 800,000 Seelen, der größte, Bayern, hat eine Bevölkerung von mehr als fünfthalb Millionen. Mehr als alles dies aber entschieden wohl die Besorgnisse der französischen Diplomatie vor einer so plötzlichen Umwandlung des willens- und machtlosen deutschen Staatenbundes in einen einheitlichen, von Berlin aus regierten deutschen Bundesstaat, der politisch betrachtet in Wahrheit nur ein wenig verhüllter Einheitsstaat war.

Man hört zuweilen von süddeutschen Demokraten den Gedanken einer süddeutschen Eidgenossenschaft aussprechen, die nun entstehen und nach Art der nachbarlichen schweizerischen Eidgenossenschaft als freies föderatives Gemeinwesen zwischen Oesterreich und Frankreich, Preußen und Italien eine neutrale Stellung einnehmen könne. Es ist begreiflich, wenn derartige Wünsche auch in der Schweiz Beifall finden. Die Grenzen des norddeutschen Militärstaats blieben dann um das ganze süddeutsche Zwischengebiet von der Schweiz entfernt, und jede gefährliche Berührung der schweizerischen Republik mit der deutschen Monarchie wäre abgewendet. Oft genug haben die Schweizer es sich selber hinterdrein vorgeworfen, daß sie im fünfzehnten Jahrhundert das Königreich Burgund im Dienste der französischen Politik zerstört und sich in Folge dessen dem unmittelbaren französischen Einfluß ausgesetzt haben. Droht nicht gegenwärtig eine ähnliche Gefahr vom Norden? Läßt sich dieselbe nicht am sichersten dadurch beseitigen, daß man von der Schweiz aus die Bildung einer süddeutschen Zwischenmacht begünstigt?

Aber in der Politik, welche mit realen Kräften zu rechnen hat, sind die Illusionen gefährlich. Sie verlocken, wie die Luftspiegelungen in der Wüste, welche Wasser verheißen, wo nur heißer Sand ist, zu falschen Hoffnungen und auf unglückliche Abwege.

Die süddeutsche Eidgenossenschaft und sogar der süddeutsche Staatenbund ist eine Illusion.

Sowohl die Betrachtung der Lage und der Interessen der vier Staaten, als die Erwägung der allgemeinen Verhältnisse überzeugen uns, daß diese Staaten eine Weile von dem norddeutschen Bunde ausgeschlossen bleiben, aber kein neues selbständiges Staatensystem bilden können.

Das Großherzogthum Hessen vorerst, durch die Friedensverträge in eine höchst unnatürliche und auf die Dauer unleidliche Zwitterstellung gebracht, ist mit seiner Provinz Oberhessen bereits ein Glied des norddeutschen Bundes und schon deshalb dem mächtigen preußisch-deutschen Staate dauernd verbunden. Seine Interessen als eines deutschen Rheinstaates, seine Beziehungen zu Frankfurt, seine militärischen Verpflichtungen und seine politische Hülfsbedürftigkeit weisen alle nach Norden. Preußen ist überdem im Besitz der großen in Rheinhessen gelegenen Festung Mainz. Es ist undenkbar, daß wieder eine österreichische Partei am Darmstädter Hofe die Regierung zur Feindschaft wider Preußen verleiten könne. Die Erfahrungen des letzten Krieges und die neuen Einrichtungen sichern den Anschluß Hessens an Norddeutschland. Es hängt daher nur von Preußen ab, denselben auch formal zu vollziehen, wie er thatsächlich vorbereitet ist. Weder der Fürst, noch die Bevölkerung werden sich dagegen sträuben. Im Gegentheil, sie werden sich erst dann, wenn das geschehen sein wird, sicher fühlen.

Das Großherzogthum Baden ferner hat bereits in Berlin den freilich vorerst abgelehnten Antrag auf Aufnahme in den norddeutschen Bund gestellt, und ersehnt die Stunde der Wiedervereinigung mit dem Norden. Zwar gibt es auch in Baden eine ziemlich starke ultramontane Partei, welche ihren bitteren und giftigen Preußenhaß noch nicht abgelegt hat und es gar nicht begreifen kann, daß der Herrgott das rechtgläubige, echtkatholische Haus Habsburg von dem ketzerischen Hause Hohenzollern habe besiegen lassen. Aber diese Partei, welche vorzüglich Süddeutschland zur Theilnahme an dem unglücklichen Kriege verhetzt und eine besonnene Neutralität als Landesverrath verschrieen hat, fühlt sich nun doch geschlagen und ihren Einfluß geschwächt, und die klügeren Führer derselben machen sich schon mit dem Gedanken vertraut, daß die katholische Kirche in Preußen großer Freiheit genieße. Neben dieser großen schwarzen, gibt es eine kleine roth-demokratische Partei, welche wüthend auf Preußen ist, weil sie in diesem Staate eine mächtige Regierungsautorität erblickt, welche ihr unleidlich scheint. Diese Partei ist aber in der Presse viel stärker vertreten als im Volke, und hat wenig Einfluß auf das Schicksal des Landes. Der Großherzog und seine Regierung, wie die beiden badischen Kammern haben sämmtlich keine Lust, an einem süddeutschen Bunde sich ernstlich zu betheiligen, und sind alle bereit, den Zutritt zu dem norddeutschen Bunde, sobald es die äußern politischen Verhältnisse gestatten, zu vollziehen. Baden ist durch die Friedensverträge scheinbar ein freier europäischer Staat geworden, der nach Belieben Allianzen schließen kann. Aber man ist in Baden durch die frühere und wieder durch die neueste Erfahrung belehrt, daß diese volle Souveränetät eitler Schein und das schmale Grenzland vor den innern und den äußern Gefahren nur im Anschluß an eine größere Macht gesichert sei. Man hat es allmählich aufgegeben, in dieser Absicht die Blicke nach Osten zu richten und schon seit Jahren sich besser befunden, wenn man nach Norden sah. Mehr als einmal ist Baden in seiner Existenz von der österreichisch-bayerischen Politik bedroht worden. In Preußen hat es bisher immer Schutz gefunden. Wenn aber sogar deutsche Mittelstaaten von dem königlichen Range Badens nicht mehr selbständig fortbestehen können, dann ist es für das Land und Volk, welches sich berühmt, an freier politischer Bildung vorangeschritten zu sein, offenbar erwünschter, dem großen deutschen Nordreiche, das an Macht und Intelligenz hoch über Oesterreich und über Bayern steht, einverleibt, als bayerisch oder gar österreichisch zu werden.

Nur wenig größer, aber von dem Weltverkehr abgeschlossener, als Baden mit über 1,400,000 Seelen, ist das Königreich Württemberg mit etwa 1,800,000 Seelen. Die Schwaben sind vielleicht der geistig begabteste deutsche Stamm. Nirgends finden sich so viele originelle, denkende und talentvolle Köpfe, freilich auch nirgends so viele Sparren im Gehirn, als in dem württembergischen Hügelland. Aber der politische

Horizont der Schwaben ist eng beschränkt und ihr Patriotismus oft durch die Rücksicht auf Vetterschaft und Freundschaft verbogen oder gelähmt. In der schwäbischen Gemüthlichkeit, welche im Lied und Gesang ihre anmuthigsten Reize entfaltet, ist auch ein Zug von sinnlicher Sentimentalität, welche für die Politik ganz unbrauchbar ist, und leichter lassen sich die Schwaben durch Aufregung ihrer Gefühle, als durch verständige Erwägung der Thatsachen bestimmen. Als neulich der Präsident der zweiten Kammer die Mitglieder ermahnte, die Thatsachen besonnen zu würdigen und sich vor unverständiger Gefühlspolitik zu hüten, protestirten die Führer der Mehrheit gegen diese unschwäbische Zumuthung!

Seit etwa einem Menschenalter hat Württemberg in seiner Kulturbedeutung nur geringe Fortschritte gemacht und ist politisch eher zurück als vorwärts gegangen. Als der Handelsvertrag mit Frankreich verhandelt wurde, ereiferte sich Württemberg am heftigsten gegen die Verbindung mit den westlichen Kulturvölkern und kämpfte am leidenschaftlichsten für die Schutzzölle. Im Frühjahr dieses Jahres erhißte man sich nirgends toller gegen Preußen; aber während man ungestüm nach Krieg schrie, war man auf den Krieg gar nicht vorbereitet. In Stuttgart liefen die Fäden zusammen, welche die süddeutsche Presse im Dienste Oesterreichs lenkten. Die Führer der großdeutschen Volksvereine fanden in Stuttgart ihre letzte Zufluchtsstätte und gründeten da einen Heerd der antipreußischen Agitation. Sogar heute noch werden diese Bestrebungen der Presse von Oesterreich unterstützt, zum sicheren Symptom, daß Oesterreich seine Hoffnung, Süddeutschland festzuhalten und vielleicht für einen künftigen Krieg wieder als Bundesgenossen zu gewinnen, noch nicht aufgegeben hat. Indessen auch für Württemberg haben sich die Zustände gründlich verändert. Der König und die leidenschaftlich gegen Preußen gestimmte Königin von Württemberg werden sicher nicht so eifrig als der Großherzog von Baden sein, den Anschluß an den norddeutschen Bundesstaat zu suchen. Aber sie werden noch weniger geneigt sein, sich der bayerischen Führung unterzuordnen, und doch wäre diese, wie immer die Formen des Vertrags lauten möchten, thatsächlich nicht zu vermeiden, wenn es wirklich zu einem süddeutschen Bunde käme. Die österreichische

Allianz hat doch auch in Stuttgart einen bittern und theuren Nachgeschmack zurückgelassen, und die Erneuerung derselben dürfte dem Hofe bedenklicher erscheinen, als den schwäbischen Schwärmern für die süddeutsche „Föderativrepublik." Man wird daher, so gut es geht, die Selbständigkeit des Staats noch zu behaupten suchen und diese doch am ehesten noch eine Weile erhalten können, wenn man mit Preußen äußerliche Freundschaft hält. Herr von Varnbühler, „der Mann des Vach victis!" hätte schwerlich den Frieden mit Preußen so schnell zu Stande gebracht, wenn er nicht in dieser Hinsicht günstige Aussichten eröffnet hätte.

Ueberdem gibt es in Württemberg eine von intelligenten Führern geleitete deutsche Partei, welche im Interesse deutscher Einheit entschlossen ist, so bald als möglich den völligen Anschluß an Norddeutschland zu fordern. So stark aber ist auch in Schwaben die nationale deutsche Gesinnung verbreitet, daß die natürliche Anziehungskraft der Einen deutschen Großmacht, welche allein die nationalen Interessen zu schützen und zu fördern vermag, die Anlehnung Württembergs an Preußen bewirken wird, sobald eine ernste Gefahr von außen deutsches Gebiet bedroht. Eine Zeit lang mag sich noch in Württemberg selbstgefällige Verranntheit dagegen sträuben, die Macht der realen Verhältnisse wird schließlich auch die harten Köpfe der Schwaben bezwingen.

Es bleibt nur das Königreich Bayern noch übrig, dessen Bevölkerung die der drei andern süddeutschen Staaten zusammengenommen übersteigt, und welches daher in dem süddeutschen Bunde, käme er zu Stande, das Uebergewicht erhalten würde. Aber wenn gleich Bayern sich nicht wie Oesterreich von dem Zusammenhang mit dem wirthschaftlichen und Culturleben von Deutschland getrennt hat, so sind doch die westlichen Länder der süddeutschen Gruppe fortgeschrittener und reicher an deutscher Bildung und schon darum nicht geneigt, sich der bayerischen Leitung unterzuordnen. Trotz seiner Größe und der nicht gering zu schätzenden Naturkraft des bayerischen Staates übt derselbe daher auf den süddeutschen Westen nur eine geringe Anziehung aus. Er wird daher schwerlich zum Krystallisationskern einer neuen süddeutschen Staatenbildung werden, es wäre denn, daß die Auflösung der österreichischen Monarchie noch mehr überhand nähme, und die zunächst gelegenen Theile von Deutsch-Oesterreich sich an Bayern anschlössen. Man behauptet, der Graf Bismark habe dem bayerischen Minister von der Pfordten vor dem letzten Kriege derartige Aussichten eröffnet, und ihn damit zu der preußischen Allianz zu verlocken gesucht. Wir betrachten es als kein Unglück, daß dieselben wieder verschwunden sind.

Aber wird sich Bayern selbständig zwischen dem norddeutschen Bunde und Oesterreich erhalten können? Wird der größte der deutschen Mittelstaaten wirklich zum europäischen Staate werden?

Oft schon haben bayerische Beamte und Patrioten behauptet, Bayern genüge sich selbst. Die bayerische Verfassungssprache redet gern von einem bayerischen „Reich", und hat neben der Abgeordnetenkammer einen „Reichsrath" hervorgebracht. Mit Stolz hat der König Ludwig die bayerischen Provinzen mit den verschiedenen Stammesnamen der Bayern, Franken, Schwaben, bezeichnet. Bis über den Rhein hinüber greift der bayerische Donaustaat in die Pfalz hinüber. Er ist nicht mehr wie früher ein ausschließlich katholischer Staat. Zwei Fünftheile seiner Bevölkerung sind nun Protestanten. Die neue königliche, vom Rhein hergekommene Linie der Wittelsbacher hat während drei auseinander folgenden Geschlechtern in ihren Häuptern Ehen mit protestantischen Prinzessinnen geschlossen: ein Bild des paritätisch gewordenen Staates. Der ultramontane Eifer von Görres beschimpfte diese Ehen als Bastardehen, das friedliche Zusammenleben der Bevölkerung beider Confessionen sah aber darin ein preiswürdiges Vorbild und eine Garantie seiner Einigung. Für die Entwicklung der deutschen Kunst ist in Bayern mehr geschehen als in einem andern deutschen Staate. Auch die deutsche Wissenschaft ist nicht unbeachtet geblieben und hat auf die geistige Hebung des lange vernachläßigten Volkes eingewirkt.

Trotzdem wird die isolirte Stellung von Bayern schwerlich durchzuführen sein. Es fehlt Bayern an einem eigenthümlichen Staatsprinzip. Es ist von dem fürstlichen Hause an abwärts bis zu den untern Volksklassen von deutschem Geiste erfüllt. Der deutsche

Grundcharakter des ganzen Volks, seiner Bildung und seiner Interessen, verbindet dasselbe nothwendig mit dem großen deutschen Staate, der nun im Norden sich erhebt und bald seine Arme in den Süden erstrecken wird. Die 4½ Millionen Deutsche in Bayern werden von den 30 Millionen Deutschen des deutschen Reiches zu mächtig angezogen, als daß sie einen zweiten deutschen Staat mit selbständiger europäischer Politik neben dem ersten bilden und behaupten könnten. Für sich allein sind sie zu schwach, um inmitten den beiden nachbarlichen Großmächte sich sicher zu fühlen.

Es ist möglich und wahrscheinlich, daß Bayern, wenn es seinen Anschluß an den Norden ordnet, in einigen Beziehungen eine Ausnahmsstellung erhalten und ein größeres Maß von Selbständigkeit behaupten wird, als die übrigen deutschen Staaten. Aber dem Anschluß selber wird es sich, im eigensten Interesse, schwerlich sehr lange entziehen. Die intelligente, von den überlieferten Vorurtheilen der bayerischen Eigenart und Größe weniger befangene Vertretung des bayerischen Volkes in der zweiten Kammer hat bereits das Verlangen ausgesprochen, daß die Wege zu jenem Anschluß aufgesucht werden. Wenn der bayerische Reichsrath dieses Verlangen nicht unterstützt hat, so kann das Niemanden verwundern, der sich erinnert, daß diese Behörde mit ihrer herkömmlichen Haltung in einen auffallenden Widerspruch gekommen wäre, wenn sie, ohne vorerst Widerstand zu versuchen, einen politischen Fortschritt empfohlen hätte.

Heute schon ist es gewiß, daß in einem künftigen Kriege Preußens für deutsches Gebiet Bayern als Alliirter mit und nicht wider Preußen kämpfen würde. Die Allianz ist der sichere Vorläufer des dauernden Bundes.

In wirthschaftlicher Beziehung ist die Einigung aller deutschen Südstaaten mit dem Norden durch den Zollverein bereits vollzogen. Einen Augenblick hatten ängstliche Gemüther die Sprengung des Zollvereins gefürchtet, verbitterte Gemüther dieselbe gehofft. Aber beide Theile haben sich doch bald besonnen, und Jedermann sieht ein, daß die Mainlinie nicht zur Grenzscheide zwischen dem norddeutschen Handel und der süddeutschen Industrie werden dürfe. Die Verfassung des Zollvereins freilich wird nicht fortbestehen können; die gemüthliche Anarchie darin und die Schwerfälligkeit und Unsicherheit aller Entschlüsse wird der einheitlicheren und beweglicheren Leitung der Bundesregierung Platz machen müssen. Aber es wird die Aufgabe der nächsten Zukunft sein, diesen großen Fortschritt mit der Rücksicht auf die Ehre und die Bedeutung der süddeutschen Staatengruppe zu versöhnen. Wenn das gelingt, so wird zugleich ein Vorbild gewonnen sein für weitere auch militärische und politische Verträge mit dem norddeutschen Bunde.

Die Einigung in den übrigen Dingen wird so, wenn nicht auf Einen Schlag durch eine Bundes- oder vielmehr Reichsverfassung, doch schritt- und stufenweise durch besondere Staatsverträge vollzogen werden. Die Reorganisation des Militärwesens auch im Süden und die Sorge für die Festungen im Süden, welche zu unterhalten und zu bewaffnen die Einzelstaaten, in denen sie liegen, nicht genügen, werden Anlaß zu weitern Verabredungen geben. Die wirthschaftliche Verbündung wird auch eine politische Verbündung nach sich ziehen.

Die Friedensverträge sehen das Alles voraus und eröffnen die Wege dazu. Keine dritte Macht hat ein Recht, und wenn Deutschland sich einigen will, auch keine die Kraft, das zu hindern. Bleiben die europäischen Zustände friedlich, so wird sich diese Entwicklung langsamer vollziehen; wenn ein europäischer Krieg die Gefahren näher führt und zu rascheren Entschlüssen drängt, wird dieselbe ohne Verzug zu Stande kommen. Dann wird sich zeigen, daß ein Anschluß an eine Großmacht nöthig und daß die Verbindung mit dem deutschen Norden die einzig mögliche und für beide Theile die allein fruchtbare sei. Die Verbindung des Südens mit Frankreich, welche höchstens einigen intriguanten Hofleuten erwünscht schiene, ist in unserer Zeit, welche das nationale Bewußtsein zu einem entscheidenden Staatsprinzip erhoben hat, unmöglich. Frankreich würde auf eine solche Thorheit sich schwerlich heute noch einlassen und Süddeutschland das als Verrath an der deutschen Nation verabscheuen. Von einer Verbindung mit Oesterreich aber kann der Süden keinen Gewinn hoffen, sondern nur neue Gefahren und vergrößerte

Lasten erwarten. Die Zukunft des österreichischen Staates weist nicht mehr nach dem Westen und nach Deutschland, sondern nach dem Osten und dem Orient hin. Oesterreich ist wie Rußland und die Türkei wesentlich zu einem Staate in Osteuropa geworden.

Dagegen fordert die allseitige Entwicklung Deutschlands die Einigung von Nord- und Süddeutschland. So groß und überwiegend Norddeutschland nun geworden ist, es genügt doch nicht zu voller Befriedigung der deutschen Nation. Soll diese ihr ganzes Wesen offenbaren, so dürfen auch die stürmischen Schwaben und die muthigen Bayern nicht fehlen. Es muß noch etwas hinzukommen von süddeutscher Wärme und Sinnlichkeit. So nöthig für den Süden eine strengere Staatszucht und eine feste Autorität sein mag, wie sie voraus in Preußen zu finden ist, damit die noch vorhandene Roheit in den untern und die lässige Bummelei in den obern Klassen durch Civilisation und Arbeit überwunden werden, so wohlthätig wird für den Norden ein Zusatz sein jenes urgermanischen Freiheitssinnes, welcher im Süden tiefe und noch frische Wurzeln hat.

Für die neue Staatenbildung war die Einheit das Nöthigste. Da sie nur im Kriege zu erreichen war, so war eine Art Diktatur nicht zu entbehren. Aber die Zukunft des deutschen Staates will und soll die reiche Anlage der deutschen Natur in Freiheit entfalten. Die deutsche Parole lautet fortan: Durch Einheit zur Freiheit. Die Einheit hat Preußen und voraus das preußische Königthum mit seinem Volksheer erobert. Damit die deutsche Freiheit ihre reiche Farbenpracht entfalte, genügen nicht Schwarz und Weiß in ihrer kalten Nüchternheit; mit seinen bunteren und schöneren Zwischenfarben muß auch Süddeutschland den Kranz erfüllen helfen.

7. Die politische Bedeutung der Schweiz.

Was wird und was soll die Schweiz dieser zum Theil vollzogenen, zum Theil noch werdenden Neugestaltung Deutschlands gegenüber für eine Stellung einnehmen?

Indem man die Bedeutung dieser Umgestaltung erkennt, ist die Frage zur Hälfte schon beantwortet: denn wenn man dieselbe als die weltgeschichtliche Entwicklung des modernen deutschen Staates verstehen gelernt hat, dann weiß man auch, daß es Thorheit wäre, die Bewegung einer so großen und urkräftigen Nation aufhalten oder gewaltsam rückwärts treiben zu wollen. Der Ideolog mag die geschichtliche Macht der Ereignisse träumerisch übersehen, der Moralist Manches an ihrer gewaltsamen Erscheinung zu tadeln haben; der verständige Politiker aber rechnet mit den Kräften, die sich wirksam erweisen.

Aber nur zur Hälfte ist die Frage damit beantwortet. Man muß sich auch vergegenwärtigen, was denn die Schweiz dem deutschen Staate gegenüber bedeute.

Da darf man denn voraus die Schweiz nicht mit Süddeutschland verwechseln. Obwohl die Schweiz sehr viel kleiner als die Gruppe der süddeutschen Staaten ist und sogar viel kleiner als das Eine Bayern, so ist die politische Bedeutung der Schweiz dennoch eigenthümlicher und selbständiger. Die Schweiz besitzt in Folge ihrer republikanischen Geschichte, was jene Staaten nicht besitzen, ein ihr eigenes Staatsprincip, welches ihre ganze politische Existenz durchdringt und von ganz Deutschland scheidet; und sie hat, was jene Staaten auch nicht haben, in Folge ihrer Zusammensetzung aus verschiedenen Nationalitäten und wegen ihrer centralen Gebirgslage eine besondere europäische Stellung und Aufgabe. Die kleine Schweiz ist in Wahrheit ein europäisches Staatswesen, während die viel größere süddeutsche Staatengruppe aus lauter deutschen Fürstenthümern besteht, welche der Neubildung des modernen deutschen Staates sich nicht entziehen können.

Die Schweiz hat ein natürliches Interesse, mit ihren süddeutschen Nachbarn freundlichen Verkehr und gute Nachbarschaft zu halten. Aber sie hat gar kein Interesse, sich mit den verstimmten Parteien in Süddeutschland zu verbünden, welche in dem letzten Kriege geschlagen worden sind und nun das Ohr der öffentlichen Meinung mit ihren Klagen und Anklagen belästigen. Sie darf ihre glückliche Lage nicht untergraben und ihre günstigen Aussichten nicht verderben lassen durch eine Gemeinschaft, welche in Deutschland wohl Schwierigkeiten machen und neue Niederlagen erleiden, aber nichts erreichen kann. Jede derartige Verbündung würde der Schweiz ernste Verlegenheiten bereiten, aber keine wirksame Hülfe gewähren, sie würde Opfer kosten, aber keine Vortheile einbringen. Eine süddeutsche Eidgenossenschaft neben der schweizerischen hat nicht die geringste Wahrscheinlichkeit weder der Entstehung noch der Dauer. Sie würde schon an den ersten Versuchen scheitern, sich zu gestalten, welche ohne revolutionäre Zerreißung der jetzigen Südstaaten in eine Anzahl Republiken — süddeutsche Cantone — undenkbar wären und gerade deshalb, um der innern Schwäche willen und von der Macht der vom Norden unterstützten monarchischen Gewalt im Süden selbst sofort im Keime erdrückt würden.

Aber drohen denn der Schweiz nicht vom Norden her ernste Gefahren? Wird nicht der monarchische Geist, der Preußen beherrscht, mit dem republikanischen Geist, der die Schweiz beseelt, in Streit gerathen? Wird nicht das nationale Princip, welches die starren deutschen Massen in Fluß gebracht hat, auch die Schweiz ergreifen und ihre mehrsprachige Gemeinschaft lösen?

Die Fragen sind ernsthaft genug, um wohl erwogen zu werden. Gewöhnlich wird im politischen Leben der Völker ein gedankenloses Gehenlassen der Dinge, wie sie mögen, mit unliebsamen Ueberraschungen und die träge oder leichtsinnige Vertrauensseligkeit mit harten Stößen des Schicksals heimgesucht. Die Aenderung in Mitteleuropa ist zu groß und sie ist zu gewaltsam durchgeführt worden, als daß nicht für den centralsten Staat Europas die größte Aufmerksamkeit und Vorsicht geboten wären.

Die Besorgniß freilich, daß in Preußen vom Neuenburgerhandel her ein Stachel zurückgeblieben und daß deshalb auf ein Uebelwollen der preußischen Staatsmänner gegen die Schweiz zu rechnen sei, fällt nicht schwer ins Gewicht. So kleinliche Rücksichten verschwinden vor dem großartigen Aufschwung, welchen die preußische Politik in neuer Zeit genommen hat. Man wird auch im Berliner Cabinet sich erinnern, daß die völlige Einigung des Cantons Neuenburg mit der Schweiz demselben Princip naturgemäßer Zusammengehörigkeit entspricht, wie die Einverleibung der deutschen Staaten in die preußische Monarchie.

Ernster und scheinbar bedrohlicher ist der unläugbare Gegensatz des Verfassungsprincips in den beiden Staaten. In Preußen ist wirklich das Königthum heute noch der mächtigste politische Faktor. Das hat der letzte Krieg, der gegen den Willen der Volksvertretung begonnen und durchgeführt wurde, handgreiflich bewiesen. Die auswärtige Politik vor allen Dingen, die selbst in England mehr vom Ministerium, als vom Parlament geleitet wird, ist in Preußen in höherem Grade dem Entscheide des Königs überlassen, dessen Minister nicht die Parteihäupter der Kammermajorität sind, sondern frei von ihm ernannt und vornehmlich durch seine Macht gehalten werden. Es wird das schwerlich in naher Zukunft geändert werden, da die großen Erfolge die königliche Autorität befestigt haben und die Regierungsfähigkeit der deutschen Kammerparteien noch sehr zweifelhaft ist. Wenn aber Preußen vornehmlich durch die Führung seiner Könige zu einem mächtigen Staate geworden ist, so ist im Gegensatze dazu die Schweiz durch ihre Bürger auf die Stufe des politischen Lebens erhoben worden, auf welcher sie gegenwärtig steht. Die ganze Natur der Schweizer und ihre mehr als fünfhundertjährige Geschichte haben einen so entschiedenen und ausgeprägten republikanischen Charakter, daß die Monarchie in ihr keinerlei Boden und nur schwer ein Verständniß findet

Für doctrinäre Principienreiter scheint mit diesen Thatsachen die Nothwendigkeit des Conflicts gegeben. Denn die einen sind der Meinung, ohne Monarchie gebe es keine staatliche Ordnung und es müssen daher die Republiken der fürstlichen Hoheit unterworfen werden. Die andern glauben, daß nur in der Republik die Volksfreiheit gedeihen könne und daß daher alle Monarchien um der Freiheit willen beseitigt und in Republiken umgewandelt werden müssen. Wer aber die Geschichte kennt und die Verschiedenheit der Volkscharaktere ermißt, der weiß auch, daß für die einen Völker die Form der Monarchie ebenso natürlich ist, wie für die andern die Form der Republik, und daß die beiderlei Staaten ebenso friedlich neben einander bestehen und sich wechselseitig achten können, wie im Privatleben ein reicher Gutsbesitzer und ein betriebsamer Kaufmann. Ordnung und Freiheit aber gehören in jedem echten Staate zusammen, und es gibt ebenso Monarchien, in denen die Volksfreiheit geschützt wird, wie Republiken, welche mit fester Hand die öffentliche Ordnung handhaben.

Die neuere europäische Verfassungsgeschichte — im Gegensatze zur amerikanischen — ist allerdings der monarchischen Form durchweg günstiger, als der Form der Republik. Vor hundert Jahren gab es in Europa noch mehrere ansehnliche Republiken; heute besteht fast nur noch die Bundesrepublik der schweizerischen Eidgenossenschaft. Aber in dem letzten Jahrhundert sind auch die europäischen Monarchien in sich selber republikanischer geworden durch Verdrängung der absoluten Gewalt und durch Ausbildung der constitutionellen Schranken und der repräsentativen Theilnahme der Volksvertreter an den öffentlichen Angelegenheiten. In Folge dessen hat sich die moderne Repräsentativmonarchie der ebenfalls modernen Repräsentativdemokratie sehr genähert und von einer natürlichen Feindschaft der beiden Principien kann vernünftiger Weise nicht mehr geredet werden, wenn auch ihre Verschiedenheit vorzüglich in den Organen der Regierung noch heute bedeutsam hervortritt.

Im Gegentheil, die Schweiz hat in unserm Jahrhundert mehrmals die Erfahrung gemacht, daß auch die großen europäischen Monarchien ihr freundlich gesinnt sind. Napoleon der erste, welcher in dem republi-

4

kanisch gewordenen Frankreich selber die Monarchie wieder aufgerichtet und eine ganze Gruppe revolutionärer Tochterrepubliken Frankreichs mit neuen Fürsten versehen hat, wendete doch der republikanischen Schweiz eine aufrichtige Gunst zu und seine föderative Mediationsverfassung bewahrte dieselbe sicherer vor dem Uebergang in die Monarchie, als die Einheitsverfassung der helvetischen Revolutionszeit. Als später in Wien die europäischen Monarchen zusammentraten, um eine restaurirte Fürstengewalt wieder herzustellen, ließen sie doch wieder den Bestand der Schweiz nicht bloß unangetastet, sondern sie vergrößerten noch die Bundesrepublik durch neue Kantone. Diese Thatsachen beweisen, wie ungegründet die Furcht ist vor einem nothwendigen Conflict zwischen den großen europäischen Monarchien und der republikanischen Schweiz.

An diesen Entschlüssen und Handlungen hat sicher nicht das persönliche Wohlwollen, welches zufällig ist, sondern die politische Einsicht in die fortwirkende Natur der Verhältnisse den entscheidenden Antheil gehabt.

Je ausschließlicher Europa monarchisch eingerichtet wurde, desto nöthiger mochte der politischen Erwägung die Ausnahme der republikanischen Schweiz erscheinen. Denn es besteht nun einmal von jeher unter den europäischen Culturvölkern auch der Gegensatz der monarchischen und der republikanischen Gesinnung und Denkart. Dieser voraus in der germanischen Rasse tief begründete und durch die Geschichte entwickelte Gegensatz bedurfte einer Anerkennung in Europa. Die republikanische Seite desselben zu Gunsten der monarchischen unterdrücken, das bedeutete die vielseitige Natur Europas verkennen und verletzen, das hieß zwischen Europa und Amerika eine principielle Feindschaft stiften.

Für keinen europäischen Großstaat ist diese Erwägung gewichtiger, als für die deutsche Monarchie, nicht einmal für Frankreich, das ebenfalls in der republikanischen Entwicklung der romanischen Schweiz nicht eine nationale Gefahr für sein Kaiserthum, sondern eine passende Ergänzung findet. Denn jener Gegensatz der monarchischen und der republikanischen Grundansicht, welcher die deutsche Geschichte von Anfang an und durch alle Jahrhunderte des Mittelalters hindurch begleitet und immerfort neben deutschen Fürstenthümern auch deutsche Republiken hervorgebracht hat, darf auch heute nicht ungestraft übersehen und mißachtet werden. So seltsam es vielleicht sowohl einem preußischen als einem schweizerischen Ohre anfangs klingen mag, so ist es dennoch wahr, daß die gesicherte Fortdauer der republikanischen Schweiz mit dem ungefährdeten Fortbestand der preußischen Monarchie nicht etwa bloß verträglich sei, sondern daß die Unterdrückung jener auch eine große Gefahr für diese wäre.

Auch in der deutschen Nation sind während des letzten Jahrhunderts die demokratischen Kräfte und Neigungen sehr gewachsen. Die moderne deutsche Monarchie kann jener Kräfte nicht entbehren; eben in der Zusammenfassung derselben liegt ihre Macht; sie ist auch genöthigt, diese Neigungen zu berücksichtigen, die repräsentativen Institutionen der Neuzeit sichern den Einfluß der großen Volksklassen auf das öffentliche Leben. Nicht die Unterdrückung, sondern die Leitung der demokratischen Bewegung unsers Jahrhunderts ist die Aufgabe der heutigen Monarchie; nur wenn sie das versteht, erreicht sie große und dauernde Erfolge.

Der größte Theil auch der demokratischen Volksklassen fügt sich in Deutschland, sei es aus alter Gewohnheit und ererbter Anhänglichkeit, sei es aus Interesse, sei es, weil diese Staatsform für nothwendig oder für vorzüglich geeignet erachtet wird, willig der monarchischen Führung und verlangt keine Aenderung. Aber nicht alle Bestandtheile lassen sich so leicht mit der Monarchie verbinden. Es gibt auch Elemente, welche derselben grundsätzlich widerstreben oder mit feindlichem Haß gegen dieselbe erfüllt worden sind. Noch niemals hat die Schweiz die Angriffe dieser letztern revolutionären Parteien auf ihre heimische Verfassung unterstützt. Ihre Politik ist überhaupt nicht nach Außen gewendet, und sie verhält sich sehr mißtrauisch gegen die politische Einsicht und Fähigkeit der meisten deutschen Republikaner. Aber schon oft sind solche Unzufriedene oder Verfolgte nach der Schweiz gezogen und haben da zuweilen eine neue und nun befriedigte Existenz gewonnen und immer mindestens eine sichere Zuflucht gefunden. Oft sind sie auch, wenn ihre fürstenfeindliche Gesinnung nur aus Phantasiegebilden von den Wundern der erträumten

Idealrepublik oder aus Liebhaberei an gemüthlicher Anarchie entsprungen war, durch den Verkehr mit den prosaischen und an Arbeit und Ordnung gewöhnten Republikanern der Schweiz sehr ernüchtert worden und haben sich bald wieder mit ihrer heimischen Verfassung ausgesöhnt. In allen diesen Beziehungen hat die Existenz einer friedlichen Republik neben der Monarchie auch für diese nützlich gewirkt.

Würden aber jemals diese Auswege in Europa gänzlich verlegt, und würden umgekehrt durch Unterdrückung der einzigen europäischen Republik die republikanischen Schweizer von der Uebermacht bezwungen, und der Monarchie gewaltsam einverleibt, so könnte man mit Sicherheit erwarten, daß diese Monarchie selbst in Kurzem bis auf den Grund erschüttert zusammen stürzen würde. Sie könnte dem tiefen und bald epidemisch verbreiteten Unwillen ihrer eigenen demokratischen Classen, welche die Vernichtung der repräsentativen Demokratie als einen Angriff auch auf ihre Freiheit empfinden, und als den Versuch einer absoluten Despotie auffassen würde, nicht lange widerstehen, und würde sicher durch den entschlossenen Haß und die politische Klugheit eines wirklich republikanischen Volkes in dem fortgesetzten Kampfe bald zu Falle gebracht. Das bekannte Bild von dem verschlossenen Ventil und dem zersprungenen Kessel wird auch in den Residenzen und in den Cabinetten der Fürsten verstanden.

Man sieht, jene vermeintliche Gefahr, welche der Republik von der Monarchie drohe, ist vorläufig ein bloßes Hirngespinnst. Wie steht es sodann mit der Bedrohung der Schweiz durch die Ausbreitung der großen Nationalstaaten?

In der That, in der Erweiterung des norddeutschen Staates hat sich von Neuem die große Kraft des nationalen Princips bewährt, welches auf die heutige Politik viel stärker einwirkt, als jemals in früherer Zeit. Die Schweiz ist in Folge dessen, im Norden und im Süden, wie früher schon im Westen, zum Nachbarn großer Staaten geworden, die alle einen wesentlich nationalen Charakter haben, und nur im Osten grenzt sie noch an einen Staat, der aus verschiedenen Nationalitäten zusammen gefügt ist. In ihr selber lebt zwar in politischer Hinsicht ein durchaus eigenartiges Volk; aber dieses Volk ist dennoch aus verschiedenen Bruchtheilen aller jener großen Nationen erwachsen, welche nun als große Monarchien ihre politische Einigung erhalten haben.

Werden nun nicht jene großen und staatsmächtigen Nationen diese schweizerischen Bruchstücke als losgetrennte Glieder, die zu ihrem Leibe gehören, wieder an sich bringen, und, indem sie sich vervollständigen, die Schweiz auflösen wollen? Werden sie nicht dazu von demselben nationalen Princip logisch genöthigt, welches ihr politisches Wachsthum auch im Uebrigen bestimmt?

Schon haben sich in Italien, dessen nationale Gestaltung noch im Fluß ist, laute und eifrige Stimmen dafür erhoben, daß der Canton Tessin italienisches Land sei, und von Rechts wegen zum Königreich Italien gehöre. In neuerer Zeit und wieder öfter seit dem Circular des kaiserlichen Ministers Lavalette wird auch in Frankreich das Thema mit Variationen gespielt, daß Frankreich, wenn es aus Nationalitätsrücksichten auf die Eroberung der deutschen Rheinlande verzichten müsse, doch auf die Annexion des französischen Belgiens und der französischen Schweiz einen natürlichen Anspruch habe. Man fügt ermuthigend bei, daß gegen diesen von Deutschland ablenkenden Erwerb der Graf Bismark Nichts einwenden würde. Am wenigsten hat man bisher ähnliche Aneignungsgelüste von Deutschland gegen die deutsche Schweiz äußern hören; indessen auch in Deutschland gibt es großdeutsche Nationalitätsfanatiker genug, welche bei erster Gelegenheit dieses Verlangen mit Eifer stellen würden.

Eine gewisse Gefahr ist hier nicht zu verkennen, und man darf dieselbe um so weniger aus Leichtsinn oder Uebermuth unbeachtet lassen, als der Angriff sich zugleich von drei Seiten her annähern kann, und wenn er auch Anfangs nur an Einer Seite ernstlich auftritt, sofort die beiden noch sturmfreien Seiten ebenfalls bedroht erscheinen. Indessen bei ruhiger Prüfung der Dinge ist auch diese Gefahr nicht so groß, als sie dem ersten, besorgten Blick erscheint.

Glücklicher Weise wird die Politik der drei europäischen Mächte doch nicht von doctrinären Principienreitern bestimmt, welche, von einer einzelnen Idee eingenommen, dieselbe mit pedantischer Einseitigkeit bis zu ihren äußersten Consequenzen verfolgen. Jeder Staatsmann weiß, daß die wirklichen Staaten doch nicht das reine, logische Produkt irgend eines Princips, auch nicht des Nationalitätsprincips sind, noch sein können, und daß in der Politik verschiedene Kräfte und Ideen zusammen wirken, welche die geraden Linien der einseitigen Doctrin vielfältig organisch umbiegen.

Es mag für das lebhafte, nationale Bedürfniß der heutigen Welt unerläßlich erscheinen, daß jede große und ihrer selbst bewußte Nation auch eine staatliche Existenz gewinne, und als politisches Volk für ihre nationalen Interessen sorge, und ihre nationalen Ideen im Leben verwirkliche. Deßhalb bilden sich nun die nationalen Volksstaaten aus. Aber es ist für die Befriedigung dieses Bedürfnisses gar nicht nothwendig, daß die ganze Nation bis auf den letzten Mann in diesem Einen Staate lebe. Zu jenem Behuf genügt es vollständig, wenn nur ein so großer Theil der Nation in dem nationalen Staate Bestand und Macht gewinnt, als nöthig ist, um ihre Eigenart darzustellen, und ihre Interessen wirksam zu schützen. Eine pedantische Trennung aller Staaten nach Nationen und eine exclusive Erfüllung derselben nur mit den Angehörigen Einer Nation wäre nicht etwa ein Fortschritt der politischen Entwickelung, sondern ein offenbarer Rückschritt in die Barbarei der Racen und der Raceneitelkeit; denn der wahre Fortschritt darf von dem Wege nie abirren, der auf das letzte Ziel, die Humanität, hinweist, welche die Nationen nicht trennt, sondern menschlich verbindet.

Darauf beruht vornehmlich die große, europäische Bedeutung der Schweiz, daß sie die Bruchstücke der drei großen Nationen, welche berufen sind, das politische Leben von Westeuropa voraus zu bestimmen, und die europäische Civilisation zu leiten, zu politischer Einheit friedlich zusammenfaßt. Die Schweiz hat bereits das Problem gelöst, an dessen schwieriger Aufgabe die Oesterreichische Monarchie sich bisher erfolglos zerarbeitet. Keine der drei Nationalitäten unterdrückt oder gefährdet die andere, jede genießt ihre volle Freiheit; sie sind nicht wider einander gereizt, und sie haben kein Verlangen, sich von einander zu trennen; sie fühlen sich zugleich in Sprache und Cultur mannigfaltig und politisch geeinigt als Söhne Eines gemeinsamen Vaterlandes. Der Unterschied der Sprache wird nicht zur Scheidung, weil die Gemeinschaft der republikanischen Freiheit die verschiedenen Sprachgenossen gleichmäßig erfüllt und einigt. Damit ist aber ein leuchtendes Vorbild gewonnen für die künftige Einigung und das friedliche Zusammenwirken der großen Nationen Europa's, welche nur durch solche Verbindung der innern und der äußern Barbarei Meister werden, und das Werk der europäischen Civilisation erfolgreich vollenden können.

Die Erfüllung jener schweizerischen Aufgabe ist also kein Hinderniß der nationalen Entwicklung, sondern ihre Bewahrung vor selbstsüchtiger Leidenschaft und vor kurzsichtiger Ausschließlichkeit. Um dieser Verdienste willen für Europa wird die Schweiz alle Zeit Freunde finden unter den europäischen Staatsmännern, welche auf der Höhe stehend einen weiten Horizont überschauen, und deßhalb den blinden Nationalitätseifer der Pedanten belächeln.

Die Existenz der Schweiz hindert in keiner Weise die volle, materielle und geistige Entwicklung der deutschen, der französischen, der italienischen Nationalität. Die großen, nationalen Staaten um sie her sind stark und reichbegabt genug, um diese nationalen Aufgaben zu erfüllen; sie würden für diesen Zweck kaum eine erhebliche Unterstützung erhalten durch den Erwerb der sprachgenössischen Schweizer-Cantone. Im Gegentheil, alle diese Nationen würden, wenn es keine freie Schweiz zwischen ihnen gäbe, sogar eine Einbuße erleiden an dem Reichthum ihrer eigenen Nationalität; denn in jeder gibt es auch Gegensätze der politischen Denkweise, die nur in verschiedenen Staatenbildungen zur Geltung kommen. Der entschieden republikanische Trieb, der in der deutschen, der französischen, der italienischen Nationalität zwar in der Minderheit, aber nicht auszurotten ist, kann nur in einem republikanischen Staatswesen zu ungehemmter Darstellung gelangen. Darin ist auch ein Stück nationalen Lebens, dessen Hemmung oder Zerstörung die Nation nicht reicher, sondern ärmer macht. Die deutsche Cultur hat mehr als einmal von dem schweizerischen Zürich und die französische von dem schweizerischen Genf bedeutende Anregung und Förderung empfangen. Oft schon sind

die religiösen und politischen Streitfragen, welche die großen Mächte
bewegten, bald vorher, bald nachher im Kleinen und in eigenthümlicher
Weise von der Schweiz ebenfalls verhandelt worden. In den schweizerischen Parteikämpfen spiegelten sich die größeren, europäischen Kämpfe, in
dem „republikanischen Wiederbild" das monarchische Europa. Das ist kein
Verlust an nationalem Leben, sondern Reichthum des nationalen Lebens.

Damit die Schweiz ihre Sicherheit, trotz des Wachsthums der
großen Nationalstaaten, behaupten und ihre Bestimmung erfüllen könne,
ist aber ihre Neutralität eine unerläßliche Vorbedingung. Die schweizerische Neutralität ist nicht das willkürliche Geschenk der Wiener Congreßmächte, sondern das Ergebniß einer mehr als dreihundertjährigen Geschichte.

Die Siege der Eidgenossen über Oesterreich und über Burgund verlockten dieselben im XV. und noch zu Anfang des XVI. Jahrhunderts
zu aktiver Theilnahme an den europäischen Händeln. Aus der schweren
Niederlage bei Marignano entnahm die Schweiz die fruchtbare Lehre,
daß es für ihre Wohlfahrt und ihre Freiheit zuträglicher sei, wenn sie
sich von den fremden Streitigkeiten fern halte, und sich ruhig auf ihre
neutrale Stellung zurückziehe. Dieser Neutralität verdankte sie, daß sie
nicht im dreißigjährigen Kriege in den Ruin Deutschlands verwickelt
wurde. Ihre Neutralität bewahrte ihr fortwährend den Frieden, der in
Europa so oft durch blutige Kriege Jahre lang unterbrochen wurde.

Seitdem das nationale Princip so gewaltig überhand genommen
hat, liegt in der schweizerischen Neutralität die beste Waffe gegen die
Uebergriffe der einseitigen Nationalitätspolitik. Würde die Schweiz nicht
den neutralen Zuschauer, sondern den activen Theilnehmer machen in den
Kämpfen, sei es der Franzosen oder der Deutschen oder der Italiener,
so würde sie die Dämme niederreißen, welche sie von den großen Nachbarn politisch trennt, und die Fluthen der nationalen Ueberschwemmung
würden nicht aufgehalten werden können. Die Anziehungskraft der
großen Massen auf die gleichartigen Theile würde bald sich stärker
erweisen, als der bisherige politische Bundesverband. Gerade weil die
moderne Politik vorzugsweise eine nationale geworden ist, würde sie auch

in nationaler Richtung entscheidend eingreifen. Vor diesen Gefahren sichert die Neutralität. Sie bewahrt die Schweizer vor dem Anschluß an eine der großen Mächte, welcher für ihre Selbstständigkeit und ihren Frieden nicht minder gefährlich wäre, als der Streit mit einer andern Großmacht. Sie nöthigt ebenso die Mächte, ihre Grenzen zu achten, und ihre Integrität zu respectiren; denn für keine derselben wäre es gleichgültig, wenn die Schweiz ihren Feinden beiträte. Indem die Schweiz ihre Neutralität behauptet, schützt sie ihren Frieden und ihre Freiheit, sichert sie ihren Fortbestand vor der umsichgreifenden Uebermacht der Nationalstaaten, und erhält sie ihre Kräfte für ihre europäische Bestimmung unversehrt, mitten in Europa dem **friedlichen Verkehr und der Freiheit aller Nationen** zu dienen.

Das Alles hat sich durch die Neubildung einer deutschen Großmacht nicht verändert, sondern nur deutlicher gezeigt. Es ist nach wie vor ein europäisches, und daher zugleich ein deutsches und ein französisches, nicht nur ein schweizerisches Interesse, daß die Schweiz als eine neutrale, aus den verschiedenen nationalen Bestandtheilen zusammengesetzte, freie Bundesrepublik friedlich fortbestehe.

Inhalt.

	Seite.
1. Die deutsche Umgestaltung. Die alte Bundesverfassung	1
2. Der deutsche Krieg. Die deutsche Revolution	8
3. Oesterreich und das Haus Habsburg-Lothringen	13
4. Preußen und das Haus Hohenzollern	18
5. Deutscher Bundesstaat oder Einheitsstaat	27
6. Die süddeutschen Staaten	36
7. Die politische Bedeutung der Schweiz	46